波乱万丈
25社でわかる
失敗の理由

# 世界「倒産」図鑑

Encyclopedia of Global Bankruptcy
by Hiroyuki Araki

荒木博行

日経BP

# 世界「倒産」図鑑

波乱万丈25社でわかる失敗の理由

# はじめに

## 先人たちの苦闘から学びを深めよう

私は、現在フライヤーというベンチャー企業や自身が創業した学びデザインという会社の経営に携わる傍らで、ビジネススクールの教壇に立ち、社会人学生と「経営戦略」という領域についての議論を重ねています。本業としては組織を持ち戦略立案を行いながら、業務が終了した後にその実践的な学びを人に伝える、という「経営と教育の二足のわらじ生活」を続けて既に十数年が経過しました。セオリーを教える立場でありながら、経営の現場ではそのセオリーの実践がいかに難しいかを感じる毎日です。

さて、ビジネススクールの現場においては、ケースという実際の企業事例を活用しながら、学びを深めていくのですが、使用される事例は国内外問わずどのビジネススクールにおいても、一般的には成功事例の方が圧倒的に多くなります。成功事例というのはハッピーな話なので、関係者はみんな語りたがり、その結果ケースになりやすい。

しかし失敗事例はその逆で、責任問題やステークスホルダーとの関係などがあり、語りづらいことばかりで、ケースにはなりにくい、というのがその背景です。失敗経験を当事者が冷静に言語化し、それを学習の題材に活用するということはとても難しいものがあります。

だからこそ、時として形になる失敗事例のケースはとても大きな気づきの機会をもたらし、私たちの行動を変えるヒントを与えてくれるのです。

ではなぜ失敗事例を通じて学ぶことの方が示唆深いのか。敢えて言語化をすれば、「失敗することでしか気づけないことがあるから」ということだと思います。ひどい経営であったにもかかわらず、景気の波に乗って短期的な成功を遂げてしまう企業はたくさん存在します。しかし、その成功の途上で「経営の本質的な課題」に気づくことはとても難しい。なぜならば、成功してしまっているからです。

本書の中でも「売上増は七難隠す」という言葉を引用していますが、この言葉の通り、売上が上がっている時には、失敗の要因につながるものがあったとしても全て水面下に隠れてしまうのです。しかし、やがてはその課題は水面下で肥大化し、企業が失敗した段階で初めて水面上に顕在化してくる。だからこそ、自分たちが成功や成長を遂げている時ほど、先人たちの失敗事例を通じて、その「水面下に潜む課題」というものにあらかじめ思いを馳せる必要があるのです。

私が昨年執筆した『見るだけでわかる！ビジネス書図鑑』においても、取り上げた35冊の名著の中で、古典的名著である『失敗の本質』を代表に、『イノベーションのジレンマ』や『衰退の法則』『失敗の科学』などの失敗のメカニズムを解き明かした書籍を数多く含めた理由も、そこにあります。

失敗はネガティブな事象ではありますが、後世を生きる人間にとっては成功事例以上に貴重な学習材料になる、ということは、経営そして教壇という双方の現場に立つ人間として、強く感じていることなのです。

## 私たちはいつでも当事者になり得る

そのような背景から、「失敗事例の言語化」という問題意識が頭の片隅にある中で、「企業の失敗事例のとりまとめ構想」を具体化してくれたのが、日経BPの中川ヒロミさんと坂巻正伸さんです。偶然にもお二人から「倒産のような企業の失敗事例をわかりやすい形でまとめてくれないか」というお声がけをいただき、一気に議論が進みました。

「企業の倒産というネガティブな事象を扱いながらも、どこか親しみやすさが欲しい」

「第三者的な批判ではなく、当事者目線での示唆を残したい」

お二人との議論の末、このような何ともチャレンジングなコンセプトに挑もう、ということで、本書の執筆がスタートしたのです。

特にこだわったのが、「当事者目線」ということ。つまり、失敗したことを揶揄するのではなく、こんな本を書いている私自身もこのような失敗の当事者になる可能性がある、というリアリティを持ちながら、「今、私たちは何を考えるべきか」という解釈まで含めて執筆する、ということです。

取り上げた企業は25社。私たちにとって親しみやすい企業を中心に、時代や業界、地域にもできるだけ多様性が出るように選定しています。リサーチは全て公開情報のみにしました。直接取材をしてしまうと、却って書ける情報が限定されてしまうという可能性と、そして何よりも「これから私たちがどうしていくべきなのか」という解釈に重きを置きたかったことが背景にあります。

もしそれぞれの企業の倒産の経緯についてさらに深く知りたい、という場合は、参考にした書籍や記事を掲載してありますので、そちらをご参照いただければ嬉しいです。

## 倒産の裏側にある5つのパターン

さて、では本書の構成を簡単に説明します。

この書籍では、それぞれ倒産した事例について「どういう企業だったのか」「なぜ倒産したのか」「どこで間違えたのか」「私たちは何を学ぶべきなのか」といった項目に分けて考察を深めています。先ほどご説明した通り、本書の大事なポイントは、「この事例から私たちは何を学ぶべきなのか」ということ。このような失敗事例を、先人たちから私たちへのメッセージと捉え、今日を生きる私たちの意味合いをまとめています。

そして、倒産企業のカテゴリーは、その倒産原因別に分け、「戦略に問題があったケース」と「マネジメントに問題があったケース」に区分しました。

| | |
|---|---|
| 成功体験が強過ぎて、そこから抜け出せずに変わる決断ができない | そごう、ポラロイド、MGローバー、ゼネラルモーターズ、ブロックバスター、コダック、トイザラス、ウェスチングハウス |
| 脆弱なシナリオに依存して、何かがあったら終わってしまう | 鈴木商店、ベアリングス銀行、エンロン、ワールドコム、三光汽船、エルピーダメモリ |
| 焦りから許容範囲を逸脱してしまう | 山一證券、北海道拓殖銀行、千代田生命保険、リーマン・ブラザーズ |
| マネジメントがアバウト・雑過ぎる | マイカル、NOVA、林原、スカイマーク |
| 経営と現場の距離感が遠過ぎて、組織として機能していない | コンチネンタル航空、タカタ、シアーズ |

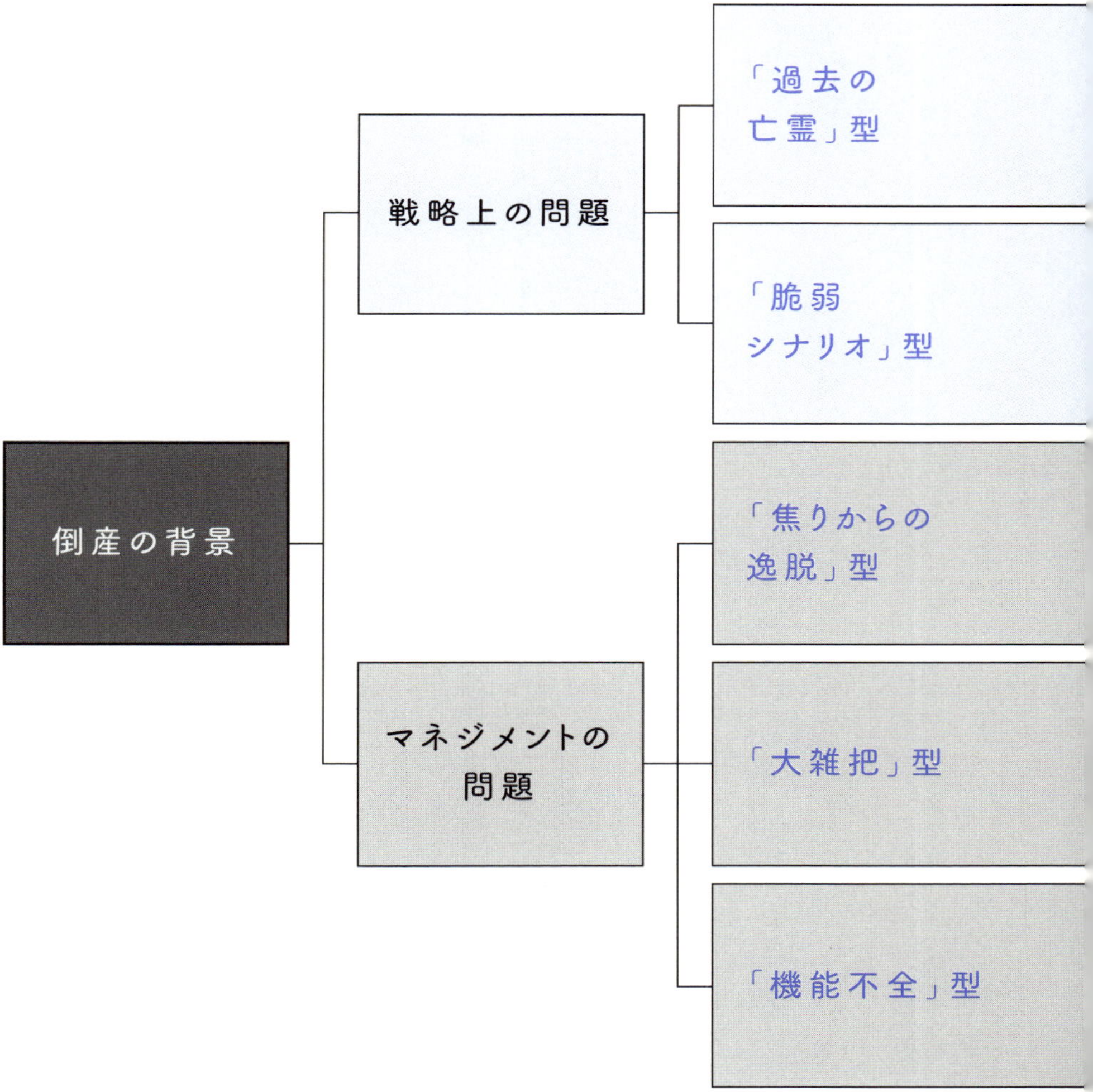
倒産の背景
戦略上の問題
マネジメントの問題
「過去の亡霊」型
「脆弱シナリオ」型
「焦りからの逸脱」型
「大雑把」型
「機能不全」型

戦略上の問題は、「過去の亡霊」型と「脆弱シナリオ」型に分けています。

「過去の亡霊」というのは、一度成功した企業が、その成功経験の亡霊に惑わされて、重要な戦略変換のタイミングで二の足を踏んで変われずに倒産してしまったパターンです。『イノベーションのジレンマ』という書籍の通り、やはりこのパターンでの倒産事例が一番多かったことを認識しました。一方の「脆弱シナリオ」型というのは、そもそもの戦略の成功確率が低過ぎて、結果的に失敗してしまったパターンになります。確率の低いギャンブルで勝負して、やっぱり負けてしまった、という事例が中心になります。

戦略というよりもその運用方法、つまり「マネジメント」に問題があった倒産パターンも数多くあります。

1つの代表例が「焦り」によるもの。競合との戦いに必要以上に焦ってしまい、一線を越えて加速し、自滅してしまうパターンです。もう1つのパターンが、マネジメントが「大雑把」過ぎる場合。戦略はいくら正しくても、その後のフェーズで適切な運営ができなければうまくいくものもいきません。そして最後が「機能不全」型。これは、典型的には、トップと現場の距離感が離れ過ぎていて、組織としての機能不全を起こし、それが理由で倒産に至ったパターンです。

要因が組み合わさっているものが多く、明確に分けられるものではありませんが、敢えてパターン分けをするからこそ自分たちが何に気をつければよいのか見えてくるものもあると考えています。

また、この本では、「親しみやすさ」という狙いから、私自身の手書きのイラストを挿入しています。企業というものを擬人化し、そのライフラインチャートを描くことで、その企業がどのような変遷を遂げてきたのかを簡単にまとめています。縦軸は売上や利益、株価などではなく、敢えてざっくりと「企業の幸福度」としました。実際に何か具体的な数値にすることも検討しましたが、それぞれ時代なども異なるため、統一的な指標を活用することは避けました。したがって、この点はかなり主観の入ったイメージなのですが、ほとんどの企業で、その直前までの絶頂からあっという間に倒産に至るライフラインの共通項が見えるのではないかと思います。

さて、それではこれから具体的な内容に入りたいと思います。

過去の先人たちの苦闘に学び、そしてともに「これから私たちはどうすべきか」ということを考えていきましょう。

## 戦略上の問題編 018

### 「過去の亡霊」型

## 「脆弱シナリオ」型

倒産とは何か

# 「倒産」によって必ずしも会社が潰れるわけではない

「倒産」という言葉を聞いて、皆さんはどんな状況を想像するでしょうか。会社が潰れ、社員が路頭に迷う……そんなシーンを想像するかも知れません。しかし、倒産といっても、そのように会社の存在そのものがなくなってしまうようなケースばかりではありません。「あれ？　この企業って倒産したことがあるんだ？」というように、倒産してもその後に復活し、順調に成長している企業もあります。復活後にまた何度も倒産してしまう、という会社もあります。倒産というのは、直ちに企業生命の終わりを意味する言葉ではありません。

しかし、倒産という言葉は、正式な法律用語ではないこともあり、人々の認識にもバラつき

…………倒産会社の財産全てを換価して、債権者の優先順位と債権額に応じて配当を行う強制執行手続き。

…………上場企業や大企業の倒産に適用されるケースが大半。旧経営陣は原則としてその後の経営に関与できなくなる。

…………経営破綻が深刻化する以前の早期再建を目的とする。経営権は原則として旧経営陣に残る。

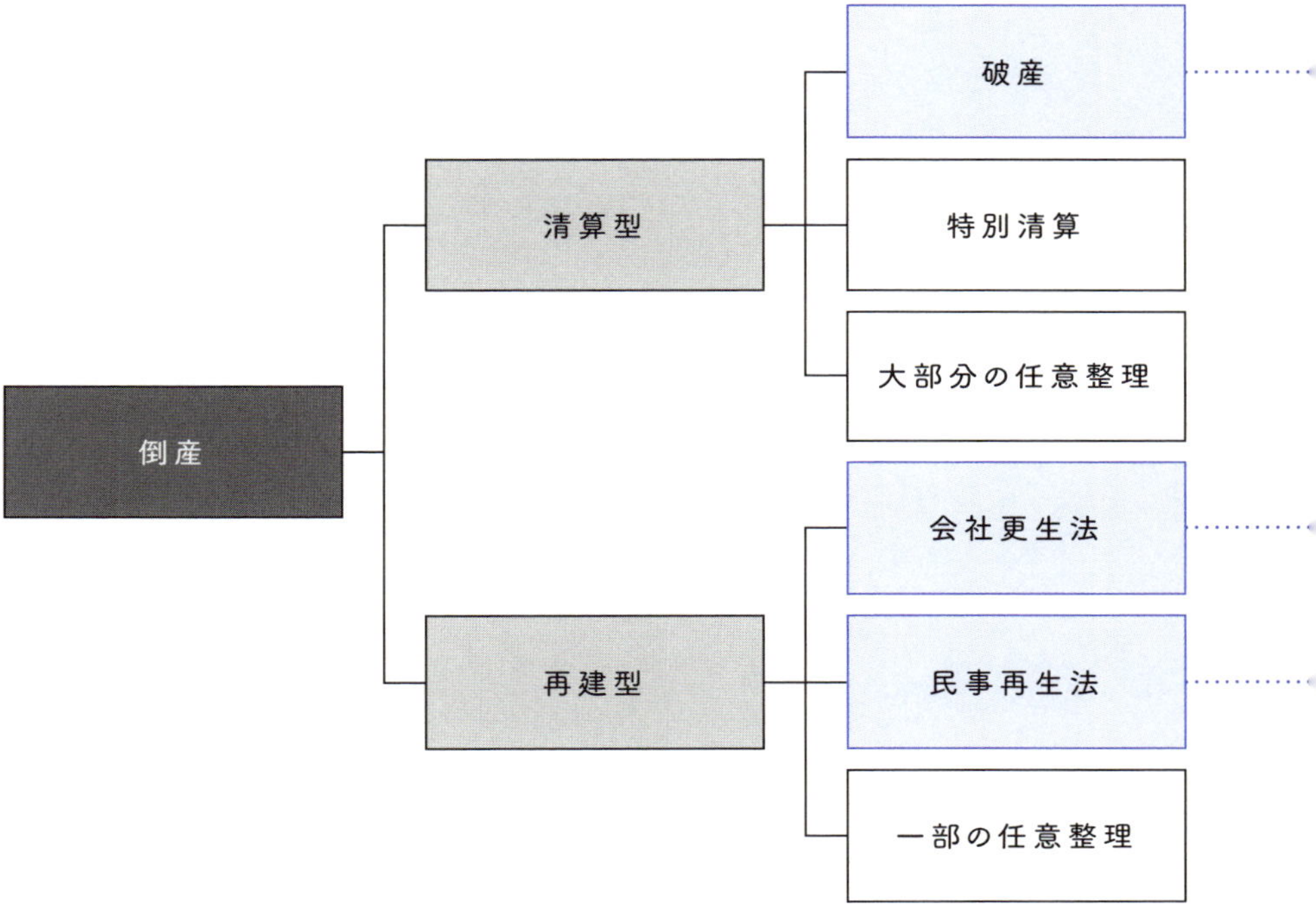


があります。そこで、まずは本編に入る前に、「倒産」という言葉の整理をしておきたいと思います。

日本における「倒産」の定義は、帝国データバンクによれば、「企業経営が行き詰まり、弁済しなければならない債務が弁済できなくなった状態」のことを指します。簡単に言えば、借金を期限までに返せずに、どうにもならなくなってしまった状態です。しかし、その後に大きく2パターンの処理の仕方があります。それは、倒産によって会社を消滅させる「清算型」倒産と、事業を継続しながら債務弁済する「再建型」倒産というパターンです。

私たちが聞く「破産」という

言葉は、会社の消滅を意味する「清算型」に分類され、「会社更生法」や「民事再生法」というのは会社の復活を前提とした「再建型」に分類されます。ちなみに、会社更生法は、旧経営陣は原則としてその後の経営に関与できなくなり、より根本的で手間のかかる手続きなのに対し、民事再生法は、旧経営陣が引き続き経営に関与できるため、比較的スピーディに企業を再建できるという違いがあります。

また、アメリカの倒産事例で出てくる「連邦倒産法第11章」(通称チャプター11)、もしくはイギリスの「アドミニストレーション」というのは、再建を前提とした倒産となります。

本書では「なぜ倒産に至ったのか?」「そこから何を学べるのか?」ということに対して考えを深めていくため、倒産そのものの手続き論や法律などには踏み込みませんが、本を読み進める前提として、これらの言葉の定義を認識しておいてください。

また、本書では再建型に分類される倒産事例も多く含まれています。皆さんが今でも接点のある企業もあるでしょう。そのような企業にとって倒産というのはあくまでも通過点の1つに過ぎません。スカイマークのように経営が刷新されて、飛躍する企業もあることを申し添えておきます。

Encyclopedia of Global Bankruptcy

# 戦略上の問題 編

## 「過去の亡霊」型

成功体験が強過ぎて、
そこから抜け出せずに変わる決断ができない

- そごう
- ポラロイド
- MGローバー
- ゼネラルモーターズ
- ブロックバスター
- コダック
- トイザラス
- ウェスチングハウス

# 「脆弱シナリオ」型

脆弱なシナリオに依存して、
何かがあったら終わってしまう

鈴木商店
ベアリングス銀行
エンロン
ワールドコム
三光汽船
エルピーダメモリ

Encyclopedia of Global Bankruptcy Company No. 001

# 「勝利の方程式」が逆回転して倒産

戦略上の問題

「過去の亡霊」型

成功体験が強過ぎて、そこから抜け出せずに変わる決断ができない

## そごう

どういう
会社
だったのか？

# 百貨店の「独立法人化」によって急速拡大を実現

そごうの創業は1830年、26歳の十合伊兵衛氏が大阪で立ち上げた「大和屋」という古着屋に遡ります。商売人としての才覚溢れる2代目の伊兵衛氏が、古着屋から呉服屋に業態を転換させ、西南戦争の軍需景気の波に乗り、大成功を収めます。その後「十合呉服店」に屋号を改め、心斎橋、神戸に出店。1919年には株式会社十合呉服店として、本格的にデパート業に参入し、今日のそごうの原型が形作られました。

デパートを運営していくためにはハコモノを常に改装していく宿命にあります。しかし、十合は1935年、昭和恐慌の煽りを食って改装の工事資金に行き詰まってしまいます。十合一族は、資金獲得のため、北海道財閥の板谷宮吉氏に持ち株の過半数の譲渡し、経営から身を引くことになりました。

戦後、十合本店はアメリカ進駐軍に7年間もの長きにわたり接収され、大丸など競合の百貨店に大きく出遅れることになります。同じ大阪発祥の大丸は1954年に東京進出を果たして大成功を収め、一時期は三越を超えて、デパート日本一の座まで獲得しました。それに対する焦りが1957年の東京進出（有楽町そごう出店）へとつながります。

しかし、この乾坤一擲の東京進出の施策は、見事に失敗。経営危機状態となり、板谷宮吉社長は辞任に追い込まれます。さらに後任の坂内義雄社長が急死したことで、後任社長の座を巡って、当時メインバンクだった大和銀行と、板谷家の血縁代表として副社長になっていた水島廣雄氏との「お家騒動」に陥りました。

結果的にこの騒動は1962年に水島氏が社長に就任することで決着するのですが、日本興業銀行出身であり、法学博士号を持つという稀有な才能を持つ水島氏が、その後のそごうの栄光を作り、そして破壊へ導くことになります。

水島社長は当時、大阪・神戸・東京（有楽町）という3店舗しかなかったそごうを拡大させる戦略を取ります。その際、アメリカの百貨店の出店の定石となっていた「レインボーの法則」、つまり大都市を中心に一定距離を置いて虹のように取り囲んで出店する戦略を参考に、東京を中心にしてまず千葉に出店することを決めます。

当時は大都市の象徴だった伝統的百貨店を、人口38万人しかいなかった千葉に出店することに対して、社内からは「ブランド毀損になる」「都市部から離れたところで働きたくない」という反対を受け、そして地元からは「地元経済をおかしくする」という反対を受けます。行き詰まった水島社長は、その時に千葉そごうを独立法人化して出店するという奇策を思いつきます。

地域密着の法人が出店することによって、現地の雇用も増やし、そして本店に与えるリスクも軽減できる一石二鳥の施策。水島氏はその人脈を活かして出資者を集め、独立法人化した千葉そごうをスタートさせました。この戦略は大きく当たり、千葉そごうは1967年の出店から毎年想定以上の売上を積み上げ、短期間で出店コストを回収します。

この「百貨店のチェーン化」とも言うべき独立法人化に可能性を見出した水島社長は、その後も松山（71年）、柏（73年）、広島（74年）、札幌（78年）、木更津（78年）、黒崎（79年）、船橋（81年）というように日本全国で出店を加速します。さらには、タイ（84年）、香港（85年）、シンガポール（86年）、台北（87年）、ペナン（89年）など海外での出店も実現し、百貨店業界のイノベーターとしてその名を轟かせるのです。

どのようにして倒産に至ったのか？

## キャッシュ創出のサイクルが逆回転して行き詰まる

そごうがここまで急激に拡大できた背景には、「地価」という要素がありました。そごうは出店予定地周辺をあらかじめ買い占め、出店で地価を上げることで資産を増やします。こうして担保力をつけて黒字化した独立法人が、新しい店舗（独立法人）の債務保証をしながら銀行から資金調達し、そしてまた新たな店舗を作っていく、というサイクルを作っていきました。

例えば、千葉そごうが軌道に乗ると、今度は千葉そごうが出資して、柏そごうを設立。さらに柏そごうと千葉そごうが共同で札幌そごうなどに出資するという形です。地価が上がっていれば、担保によって銀行から新たな資金を調達することができ、そうして新しい店舗を広げていったのです。

しかし、このサイクルはいくつかの重大な問題を孕んでいます。

1つ目は、そごうの独立法人同士が支え合う複雑な形になっていたため、経営の内情がブラックボックスになること。これに水島社長のカリスマ性が合わさって、誰もグループ全体の経営状況を把握できない状況になりました。資金の貸し手である銀行も、そして当の水島社長ですら、正確な全体像を把握していなかったと言われています。各社ともに独立法人であったために、人的交流もなく、数字の基準もバラバラな状態が放置されていました。恐ろしい規模のどんぶり勘定が許されてしまっていたのです。

そしてもう1つは言うまでもなく、地価が下がった時は全てが逆回転する、ということです。担保価値が低下して銀行が資金提供を止め、資金回収に回る時、この拡大サイクルは一気に「崩壊サイクル」へと転じます。

地価が上がっていた1989年までは拡大サイクルが回っていましたが、バブルが崩壊してからは全てが逆回転し始めたのです。土地を担保にしていた過去の負債がバブル崩壊以降のそごうに重くのしかかり、金融機関からの圧力も高まります。

しかし、水島氏はこの時点でもまだ強気でした。1994年に会長に退いた後も、「景気さえ回復すればすぐにサイクルは正しく回る」と考えていたのです。しかし、1995年の阪神・淡路大震災、そしてその後の準メインバンクである日本長期信用銀行などの連続破綻というように、日本全体に不況の波が訪れ、そごうは追い込まれていきます。最終的には、政治問題にまで発展した結果、2000年7月、そごうグループ各社は一斉に民事再生法を申請することになりました。長らく百貨店業界のカリスマとして崇められていた水島氏が地に落ちた瞬間でした。

なぜ
間違えた
のか?

## 持続性の高いビジネスモデルを構築することの危険性

このそごうの話は、水島社長のワンマンの経営体質に目が向けられます。間違いなくそれが本質なのでしょうが、ここではちょっと違う切り口からこの問題を考えてみましょう。

それは「ビジネスモデルの強固さ」という観点です。長い間、安定的に収益を生み出すビジネスモデルを作ると、多くの社員はそのモデルを確実に実行することに意識が向くようになりがちです。ビジネスモデルを疑うより、やった方が楽に結果は出るのです。「余計なことを考えるよりも、自分に与えられた役割を全うした方が合理的」と考えるのは自然なことでしょう。そして、その期間が長く続けば、やがて社員は疑うことを忘れ、多少経営が間違った意思決定をしても、それを無条件で受け入れるようになります。

そごうの場合は、１９６７年の千葉そごうの出店でビジネスモデルを確立し、１９９０年のバブル崩壊まで、20年強もの間、「強固なビジネスモデル」に支えられてきました。敢えて乱暴な言い方をすれば、千葉そごう以降の20年間は、水島社長が出店場所とタイミングさえ決めればよかったのです。水島社長を妄信し、意見をせずにひたすら指示をこなす。20年もの間、つまり新人として入社した社員が40歳を過ぎるタイミングという長期間、そういった状況に慣らされていた社員たちは、現状を疑い、建設的に議論する力を培う機会がありませんでした。

「自社しか知らず、偶像崇拝で井の中の蛙になっている皆さん……指示しなければ何もしないと、外部の人々からそごうの社員への評価は低いのです」

これは、民事再生法申請後、経営再建のためにそごうに乗り込んだ和田繁明・元西武百貨店会長からの、社内報での社員に向けたメッセージです。厳しい内容ではありますが、再びそごうを再生させるためには、「主体的に考える現場」に変えていくことが何よりも必要だったのでしょう。

私たち
への
メッセージ

この事例は、日頃から自分たちのビジネスモデルに対して、どこから問いを投げかけるべきか、ということを教えてくれます。苦境に陥っている企業にとっては、ビジネスモデルについてゼロ地点、つまり「そもそもこれで良いのか?」というポイントから考え直す必要性がありますが、右肩上がりの成長を続けている企業にとっては、ゼロ地点に戻る必要性がありません。つまり、ビジネスの90%部分の前提を固定化して、残り10%のところから考えれば事足りるのです。

このような状況下で、敢えて「90%の大前提」を疑うことは、反発を受けること必至であり、多くのエネルギーを要することではあります。しかし、このそごうの事例を見ればわかる通り、組織メンバーが「残り10%だけの思考」に偏っていれば、あっという間に組織は崩壊してしまう、ということでもあります。

自分たちのビジネスの前提になっていることは何か? その前提が崩れるのはいつなのか? 私たちは常にそんな問いを持っておくべきなのでしょう。

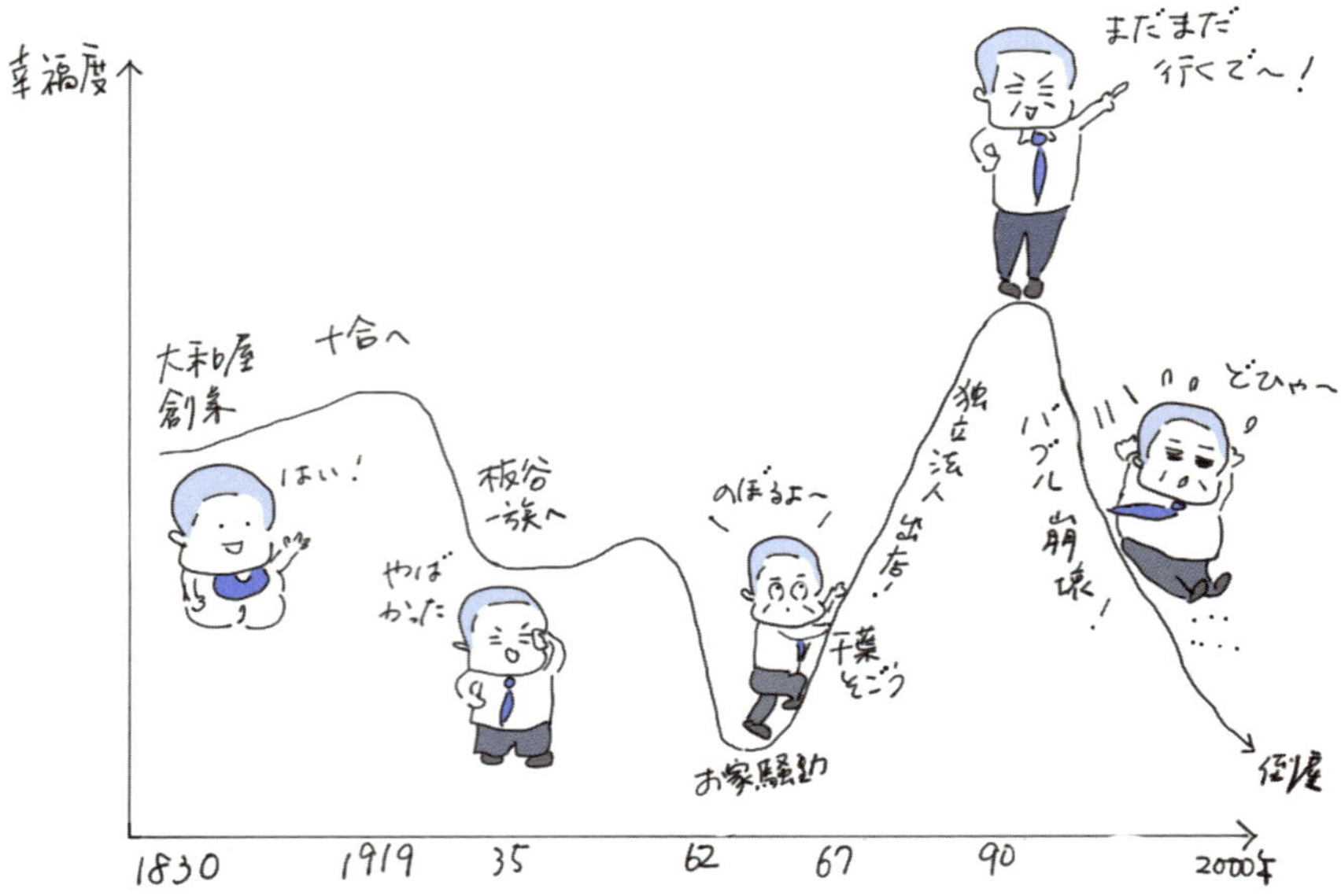


## そごう倒産に学ぶ3つのポイント

**01**

自分たちのビジネスはどのような「前提」で成り立っているのかを考えよう

**02**

その「前提」はズレてきていないかを考え、議論するクセをつけよう

**03**

強固なビジネスモデルを持ち持続的に成長している事業ほど危険という認識を持とう

| | |
|---|---|
| 企業名 | そごう |
| 創業年 | 1830年 |
| 倒産年 | 2000年 |
| 倒産形態 | 民事再生法適用 |
| 業種・主要業務 | 小売業・百貨店 |
| 負債総額 | 1兆8700億円<br>（グループ全体） |
| 倒産時の売上高 | 約1兆円 |
| 倒産時の従業員数 | 約1万人 |
| 本社所在地 | 日本<br>東京都千代田区 |

参照：
『神様の墜落〈そごうと興銀〉の失われた*10*年』江波戸哲夫 新潮社
『そごうの西武大包囲戦略』渡辺一雄 カッパ・ビジネス
『巨大倒産』有森隆 さくら舎

# 「分析体質」が行き過ぎて倒産

戦略上の問題

「過去の亡霊」型

成功体験が強過ぎて、そこから抜け出せずに変わる決断ができない

## ポラロイド

どういう
会社
だったのか?

## ジョブズが尊敬するランドのイノベイティブな才能で成長

ポラロイドは1937年、アメリカの天才的発明家であり科学者であったエドウィン・ハーバート・ランドが26歳の時に設立した会社です。社名の由来は「偏光板＝ポラライザー」にあります。ランドが学生時代から研究に没頭していた偏光板技術をベースにしたベンチャー企業であり、当初は自動車のヘッドライトやサングラス、肌の分析機器など、偏光板技術を活かした素材を提供していました。その後、第二次世界大戦に突入してからは、陸軍向けのゴーグルや空軍用の照準器などの軍需までその技術を展開させていき、一時は収入の87%まで軍事契約への依存度を高めます。

結果的にほぼ軍需企業となってしまっていたポラロイドに、1943年、大きな転機が訪れます。それは、当時ランドの3歳の娘だったジェニファーの一言でした。家族で旅行に出かけ、写真を撮影していたのですが、彼女がふいに「どうして撮った写真がすぐに見られないの?」という問いかけをしたのです。

写真の現像プロセスは1888年にイーストマン・コダックがフィルムを発明して以来、ほとんど変わっていませんでした。自分で暗室で現像するか、現像所に持っていき数週間待つか、しかありません。しかし、娘のこの一言で天才発明家ランドの頭は回転し始めました。

そして、ものの数時間で、撮った写真がすぐに手元に出てくるあの「ポラロイドカメラ」の原型の設計を完成させてしまうのです。

その後、ランドは実用化に向けた研究を重ね、1947年に初代インスタントカメラを発表します。現像に要する時間はわずか50秒。ニューヨークタイムズ誌が「写真の歴史の中でこれほどの出来事は例がない」と表現するほどの画期的な発明でした。後にスティーブ・ジョブズはランドのことを「国宝」と呼び、彼の才能に対する深い敬意を示しますが、ランドは経営者であり稀有なプロダクト・デザイナーという立ち位置として、ジョブズの理想像だったのかも知れません。

その後、ポラロイドは技術を磨き続け、小型化、オートフォーカスや画像の品質向上に努め、インスタントカメラ市場を拡大し続けます。特に1960年代の成長は目覚ましく、この期間でポラロイドの株価は4倍以上に跳ね上がります。

しかし、そんな好調なポラロイドにも転機が訪れました。それは10年以上の開発期間をかけ、ようやく1977年に発売した「ポラビジョン」と名付けられた映画撮影用のインスタントカメラの大失敗です。

撮影機器としては極めてユニークだったのですが、音を録ることができず、カセットには3分しか録画ができないため、当時台頭しつつあったソニー製のベータマックスにとても及びませんでした。結局6800万ドルもの損金を計上し、1979年に販売中止が決定されることになります。

その後、すでに社長の座をナンバー2であったマキューンに譲り渡して会長兼研究所長となっていたランドは、1980年、再びイノベーションを求めて極小のカメラのコンセプトをまとめその開発に着手しようとしますが、マキューン社長に開発を拒否されます。既に社長でなかったランドが、今までのように自分の思い通りに開発ができる体制ではなくなっていたのです。

常に「イノベーター」であり「発明家」であったランドは、自分の置かれた立場を認識し、自らが創業した会社を去る決意をします。その後、彼はポラロイドの株を売却した資金でローランド研究所を設立し、「1日1実験」という研究中毒の生活で、ポラロイドとは無縁の充実した余生を過ごしました。ジョブズもよくこの研究所に通ったと言われています。

そして、一方のポラロイドは、栄光のランド時代に別れを告げ、新たな体制の下で徐々に崩壊へと向かうのです。

どのようにして倒産に至ったのか？

## デジタル技術への転換に二の足を踏んでいる間に、市場が急変

1980年を境に、ポラロイドのアメリカ写真業界におけるシェアは下降の一途を辿りま

す。1978年には27％あったシェアが、わずか4年で17％まで下がりました。

その一因は、カメラ業界の巨人・コダックの攻勢にあります。ポラロイド創業当初はインスタントカメラを無視していたコダックですが、徐々に無視できない存在となり、インスタントカメラに参入するとともに（その際に特許侵害で1990年、コダックはポラロイドに10億ドルを支払う結果となります）、自社のフィルムを改良し、現像所で60分の仕上げを可能にしたのです。

今までは現像に数日～数週間かかっていたものが、わずか60分になったことで、1分で現像できるポラロイドとの差分は大きく縮まりました。「待たずに見られる」というポラロイドの優位性が危うくなってしまったのです。

さらに、オリンパスやキヤノンのような日本企業が、より画質の良いコンパクトなカメラを世に出します。ポラロイドのインスタントカメラは、通常のカメラと比較して、現像までのスピードでの優位性はほぼなくなり、画質やスタイルでは完全に負ける、という状況に陥ってしまいました。

もちろん、マキューンなど経営陣はこの状態に手をこまねいていたわけではありません。彼らは別の大きなイノベーションの種を抱えていました。それはデジタル技術をベースにした商品です。1980年代半ば、ポラロイドはフィリップスとのジョイントベンチャーで、既に1・2メガピクセルの画像を生成できるデジタルセンサーとデータ圧縮ができるアルゴリズムを持っていました。

しかし、こうしたデジタル化に向けた企画は最終段階でことごとく否決されることになります。それは、まだデジタル技術の市場が未知数だったこと、彼らにとって重要なフィルムを奪ってしまう可能性があること、そしてデジタル技術で印刷される写真の品質は当時のアナログ写真技術からすれば「粗悪品」に他ならなかったからなのです。

その後、マキューンの後を引き継いだブースは、多額の研究開発投資を、既存のアナログカメラのブラッシュアップに振り向けます。結果的に1986年に製品化されたアナログベースのインスタントカメラ「スペクトラ」は大ヒットを遂げます。

しかし、皮肉なことにこのようなヒットがさらにポラロイドを追い込むことになります。なぜならば、この時代のカメラにおけるデジタル技術の革新は目覚ましいものがあったからです。

そして、この重要な時期、ポラロイドはもう1つの経営課題に直面します。それはプライベート・エクイティファンドから仕掛けられた買収を防衛すること。キャッシュがありながらも経営が低迷し始めたポラロイドに着目したファンドから30億ドルの買収提案を受け、その買収を阻止するために経営陣は忙殺されます。最終的にはその提案を退けることに成功しますが、3億ドルの債務と貴重な時間を失う結果となりました。

そして、1995年のカシオ計算機による「QV－10」発売により、デジタルカメラの本格的な時代が到来します。ここにきて急激なデジタル化の波が表面化しますが、この段階でデジタル技術の蓄積がないプレイヤーは、一気に置いていかれます。コダックもポラロイドも、置き去りにされた代表プレイヤーの一員でした。

そして、そこからは坂道を転がるように収益は落ち込み、2001年10月、ポラロイドは連邦倒産法11章を申請するに至るのです（ちなみに、1回目の倒産の後、ポラロイドは再復活します。そして、買収したファンドが起こした不祥事に巻き込まれる不幸から、2008年に2回目の倒産を迎えますが、このストーリーはここでは割愛します）。

なぜ間違えたのか？

## わかりやすく説明可能なビジネスの引力に負ける

このポラロイドのケースは、経営学者クリステンセンによる「イノベーションのジレンマ」の典型事例と言えるでしょう。特にこの事例は、「デジタル製品をローンチする準備までできていたのに最終段階で否決される」という点においてもクリステンセンのレッスンに通じる部分があります。つまり、完全に市場の存在を知らなかったわけでも無視をしていたわけでもなく、可能性には気づいていたけれど踏み込むタイミングでジレンマに陥り、意思決定を間違えてしまったということです。

クリステンセンは著書『イノベーションのジレンマ』で、既存の技術体系を持つ大企業において、革新的技術のオーソライズが取れない理由の1つに、「存在しない市場は分析できない」ということを挙げています。

当時のポラロイドにとって、デジタル市場というものはまだ「存在しない市場」でした。したがって、市場規模がどれくらいなのか、その成長率はどれくらいなのか、利益率がどれくらいなのか、という「市場の魅力度」を測る手掛かりがほとんどありません。つまり、既存市場のようなロジックに基づいた分析、そしてコミュニケーションができないのです。

結果的に、ポラロイドは1980年代中盤、ロジカルな分析をベースにした魅力的な商品「スペクトラ」と、分析もほとんどなく明らかにクオリティの落ちるデジタル商品を目の前にし、前者を選びました。そしてその結果、スペクトラは大きく売上を伸ばし、その後すぐに倒産の道へ落ちていくのです。

クリステンセンのセオリーに従うならば、ポラロイドは「分析」にこだわるのではなく、失敗を前提とした「学習」に意識を向けるべきだったのでしょう。つまり、新たな技術を一旦世に出した上で、市場の可能性を学習していく、という姿勢です。

おそらくイノベーターであるランドが経営者であれば嬉々として「学習」に励んだのでしょう。しかしその「学習」の文化は時とともに薄れていき、企業文化は徐々に「分析重視」になっていたのです。このポラロイドの事例は、大企業になりながらも「学習気質」を維持し続けることの難しさを感じさせます。

「過去の亡霊」型

成功体験が強過ぎて、そこから抜け出せずに変わる決断ができない

**私たちへのメッセージ**

この事例が私たちに問いかけることは、自分自身が「分析気質」なのか、「学習気質」なのか、ということです。既存の仕組みの中に長らくいると、過去のデータをベースにした「分析気質」が幅を利かせるようになります。そして、「分析できないものは意思決定できない」という考え方にとらわれていきます。その先に出来上がるものは、未知のものに対応できない「変化に弱い人材」です。

そうならないためにも、私たちは常に「学習気質」を同時にインストールしておく必要があるのです。つまり、「分析できないことにはチャンスがある。失敗を通じて学習していこう」というスタンスです。

今の自分は、果たして分析と学習のちょうど良いバランスが取れているのか、このポラロイドの事例を念頭に置きながら、考えてみてはいかがでしょうか。

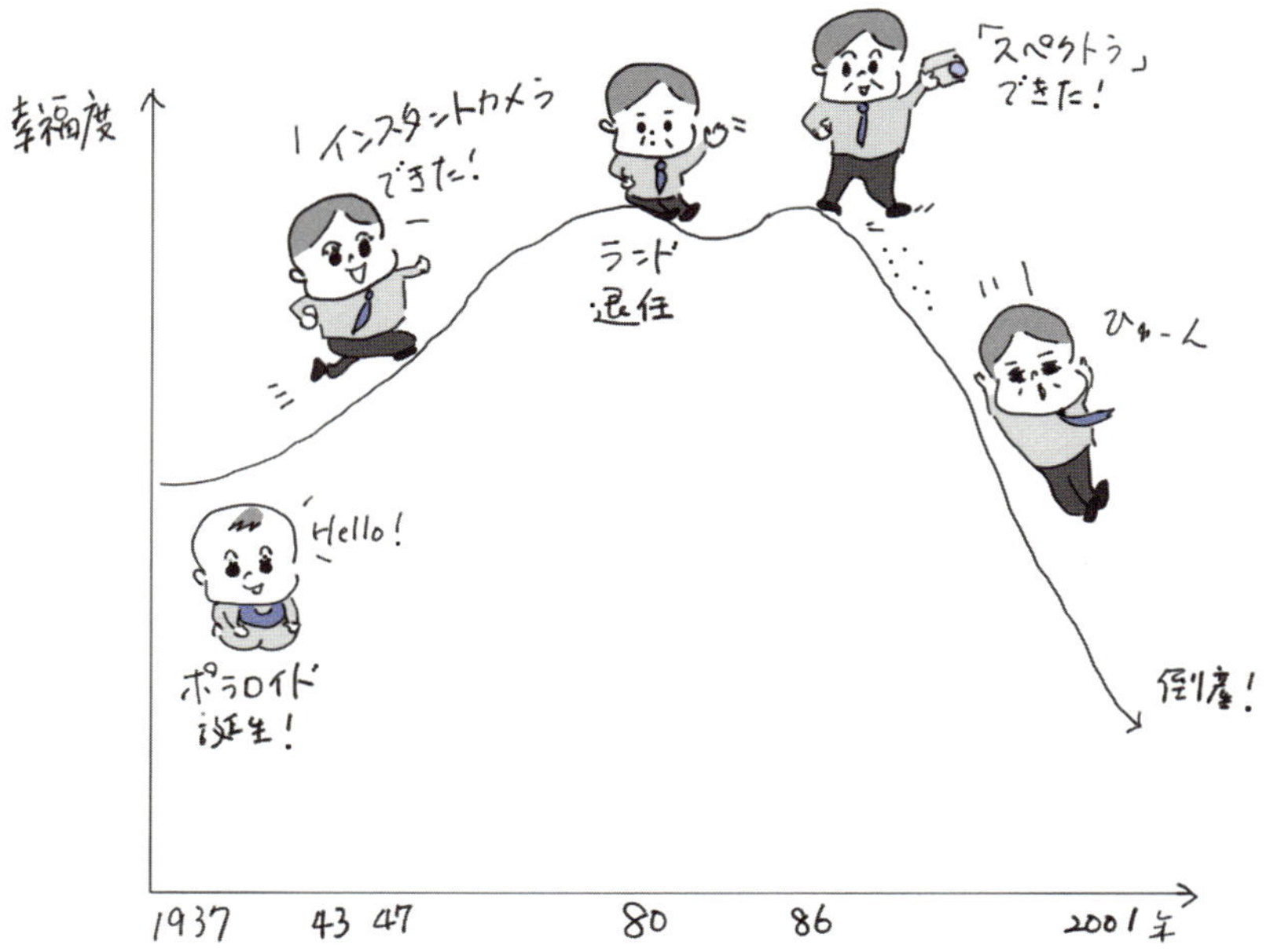


## ポラロイド倒産に学ぶ3つのポイント

**01**

既存事業と同じ尺度で、新規事業を測る危険性を理解しよう

**02**

市場にない新しいビジネスは、ほとんど「分析」することはできない

**03**

新しいビジネスこそ、実践を通じて学習していく姿勢を大切にしよう

「過去の亡霊」型

成功体験が強過ぎて、そこから抜け出せずに変わる決断ができない

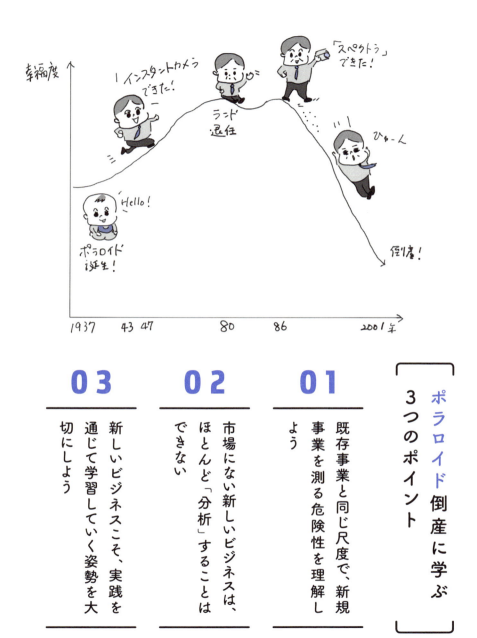

| | |
|---|---|
| 企業名 | ポラロイド |
| 創業年 | 1937年 |
| 倒産年 | 2001年<br>2008年 |
| 倒産形態 | 連邦倒産法第11章適用<br>（再建型倒産処理手続） |
| 業種・主要業務 | 製造業 |
| 負債総額 | 9億5000万ドル<br>（2001年） |
| 倒産時の売上高 | 3億3000万ドル<br>（2001年） |
| 本社所在地 | アメリカ<br>ミネソタ州ミネトンカ |


参照：
『ポラロイド伝説』クリストファー・ボノナス 実務教育出版
「ポラロイドvs富士写真フイルム 競い合う単品一筋と多角化」日経ビジネス 1976年5月24日号
「カメラはインスタント化へ 未来を見すえ"精神統一"」日経ビジネス 1978年8月28日号
『イノベーションのジレンマ』クレイトン・クリステンセン 翔泳社

「過去の亡霊」型

成功体験が強過ぎて、そこから抜け出せずに変わる決断ができない

Encyclopedia of Global Bankruptcy Company No. 003

# 非効率体質を改善できずに倒産

戦略上の問題

「過去の亡霊」型

成功体験が強過ぎて、そこから抜け出せずに変わる決断ができない

## MGローバー

どういう
会社
だったのか？

# イギリス自動車産業の低迷の歴史という負の遺産を引き継ぐ

MGローバーは、2000年に設立されたイギリスの自動車メーカーです。そして倒産はなんと2005年。わずか5年ばかりの会社だったのですが、実際にはイギリス自動車産業界の長い歴史を引き継いだ会社の倒産劇でした。この会社の倒産を理解するためにも、ここでは第二次大戦後まで時計の針を戻して、イギリスの自動車の歴史を含めて紐解いてみましょう。

1952年、イギリスの2大自動車メーカーだったオースチンとナッツフィールドは、経営基盤を固めるために合併し、ブリティッシュ・モーター・コーポレーションを設立しました。しかし、狙いとは裏腹に同社は急激な販売不振に見舞われて、イギリス内でのシェアを落とします。

そこで1966年、後継者探しに難航していたジャガーを加えて陣容を拡大し、ブリティッシュ・モーター・ホールディングスとなりました。さらに、その合併後の統合作業もままならない1968年には、乗用車・四輪駆動車で有名なローバーと、トラックが中心のレイランド・モーター・コーポレーションと合併。ブリティッシュ・レイランド・モーター・コーポレーション（ＢＬＭＣ）となりました。

このようにイギリス中の自動車メーカーが合併を続けたのは、グローバル間での競争が激化する中で、イギリス車メーカーが1社では勝ち残れなくなってしまったという「国際競争力の低下」が背景にあります。当時の与党であった労働党は、イギリスの重工業のように、合併を通じて規模を拡大し、効率化を図ることで局面の打開を目指したのです。

しかし、巨大化したＢＬＭＣは、さらに混迷を極めます。「英国病」と言われる度重なるストライキなどの重い労使関係問題を抱え込むとともに、ブランドが増えたことで、安易なバッジエンジニアリング（あるメーカーの車を商品名やブランド名だけ変えて、他のメーカーで出すこと）が横行。ブランド間の社内調整やコントロールが効かなくなり、経営課題は一層複雑化し、効率化とは程遠い状態に陥ってしまいました。

さらに、アメリカで１９７０年代に発効された大気浄化法（通称マスキー法）や、１９７３年から始まったオイルショックなどの急激な環境の変化に耐え切れず、ほぼ破綻同然の状況に陥り、ＢＬＭＣは国営化されてしまいます。このタイミングで大半のブランドは整理統合の対象となり、１９６０年代には生産台数でアメリカ、ドイツに次いで世界3位の地位を占めていたイギリスの自動車産業は、１９７０年代において出口の見えない壁にぶつかってしまうのです。

ご存知の通り、この時代は日本車台頭のタイミングです。日本車メーカー各社が切磋琢磨しながら燃費の良い車を低価格で展開していたのに対して、イギリスでは国内のほとんどのメーカーが1つの国営企業になってしまい、合理化ばかりを進めざるを得ませんでした。このような状況で、イギリス車は国際競争力をさらに落としていったのです。

どのようにして倒産に至ったのか?

## BMWによる唐突な買収が最悪の結果を招く

1986年にはBLMCの名前を捨て、ローバーグループに改称されます。グループ内のプレミアムブランドはフォードなど外資系企業に売却することで、規模を縮小しながら生き残りを図りました。

1988年、再び民営化された同社は、航空機メーカーであるブリティッシュ・エアロスペースに買収されます。1989年にはホンダ（本田技研工業）が資本参加することにより、ホンダの力を借りながらローバーやMGブランドの新車を開発することで、徐々に業績は改善を見せ始めます。1994年には過去最高の業績を上げる見込みでした。

しかし、その1994年に突然、ローバーはBMWに売却され、経営権を得る寸前だったホンダとの提携関係も解消されてしまうのです。当時、誰もがホンダによるローバー買収を信じていただけに、BMWによる買収は非常に不可解なものでした。

そして、結果的にこのＢＭＷによる買収はローバーを最悪な方向へと導きます。ホンダの手を借りずに独自の車作りをしようとしたものの、エンジン本体のトラブル、そして劣悪な整備に伴う高額な維持費などの問題が発生してしまいます。ＢＭＷによる買収から5年経った１９９9年の年間損失額は１２００億円に達し、赤字垂れ流しの状態に戻ってしまったのです。

結局２０００年、ＢＭＷはローバーを再浮上させることなく売却します。ＢＭＷにとって、ローバーの買収は「最大の失敗」とも言われる汚点となりました。そしてローバーにとっても、グループのプレミアムブランドであったミニはＢＭＷに取られ、ランドローバーはフォードに売却され、残されたのはＭＧとローバーのみになってしまいます。この状態で、ファンドにわずか10ポンド（約１９５０円）というタダ同然の価格で売却されてしまったのです。

社名はＭＧローバーと改められ、年間20万台の生産体制を目指して、新たなスタートを切ったものの、既に海外販売網はズタズタとなり、イギリスの高コストな生産拠点が残されるのみ。最後の望みとして、中国の自動車大手である上海汽車との提携交渉に賭けたものの、経営回復の見込みはないと判断され、交渉は決裂。２００5年、アドミニストレーション命令申請をし、倒産に至ったのです。最後のイギリス資本の自動車メーカー、陥落の瞬間でした。

なぜ
間違えた
のか?

# 自動車業界で生き残るための本質の改善に着手ができなかった

MGローバーの歴史は、イギリス製造業の長期にわたる混迷の歴史の象徴でもあります。自力で立ち行かなくなった企業が、政府主導の合併や外資の買収により、一貫性なくブランドを増やして効率化を目指し、ダメになったらブランドを売却して延命する……。その一方で本質的な開発力や生産性向上といった競争力強化に手を打つことができず、昔築いたブランドを長い期間かけて毀損させていく、という悲しい歴史でした。

ホンダはローバーとは長い付き合いがありましたが、特に現場改善には手を焼いてきたと言われています。「ローバーの従業員は昼食時にビールを飲んで、4時半には退社。生産性を上げるのに苦労した」と批判する技術者も少なくなかったと言われています。

この話に代表されるように、倒産の本質的な原因は、従業員が6000人いる一方で、生産台数はわずか11万台(2005年)という「圧倒的な生産効率の悪さ」にあります。1人あたりの生産台数が20台程度という数字は、量産型自動車メーカーの採算ラインと言われている1人あたり40台という数字の半分程度です。この状態では、何をやったところで利益が出ることはありません。

「イギリス資本の自動車産業をなくすべきではない」「雇用を守るためにも自動車産業をな

くしてはならない」という政府や世論の影響を受け、かつての国有化企業のDNAが残る中でMGローバーは長い間、合理的な判断ができず、実質的には身動きが取れなくなっていたのでしょう。

しかし、究極的には、グローバルレベルで顧客に支持されるブランドなのか、それだけの価格を払うべきブランドなのか、ということの勝負。どれだけの「べき論」があり、どれだけ政権与党からの援助があったとしても、本質において勝負できない中途半端な企業はマーケットメカニズムによって退場せざるを得ないのです。そんな身も蓋もない事実をこの事例は示しているのかも知れません。

私たち
への
メッセージ

自動車のように多くの雇用を抱える産業は、国の失業率や賃金の問題に直結するために、国の大きな力が働きがちな業界です。そしてそのために、フェアなマーケットメカニズムからすればあり得ない生産性の低い状況が放置されがちでもあります。

しかし、長い目で見れば、その状況は長く続きません。時として市場が間違えることもありますが、垣根のないグローバル市場で戦っている以上、中長期視点においては否が応でもマーケットのルールに収斂していくのです。

とするならば、どのような業界にいるとしても、私たちに求められるのは、業界に働くマーケットのルールを冷徹に見定めることであり、そのルールを満たすように正しいタイミングで意思決定をしていく他にありません。マーケットルールに反して、決めるべきタイミングで正しい意思決定を避ける企業は、その細かなツケが後世に残されていくだけなのです。

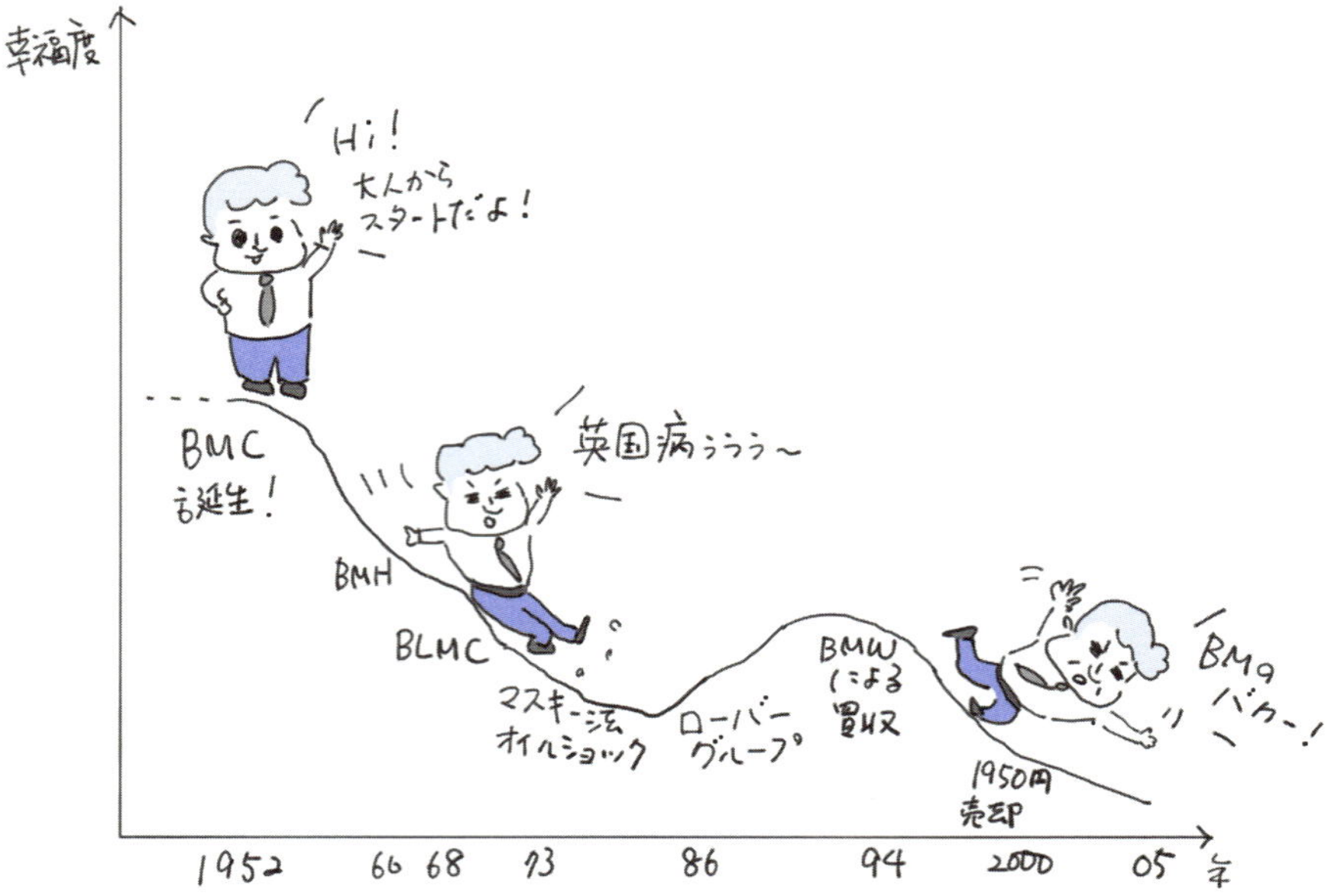


## MGローバー倒産に学ぶ3つのポイント

**01**

自分たちが属する業界のルール、成功するための要件を理解しよう

**02**

ルールや成功するための要件を踏まえて、自分たちの戦い方を決める意思決定をしよう

**03**

意思決定はタイミングが全て。タイミングを逃すと後にツケを回すことになる

| | |
|---|---|
| 企業名 | MGローバー |
| 創業年 | 2000年 |
| 倒産年 | 2005年 |
| 倒産形態 | アドミニストレーション命令 |
| 業種・主要業務 | 自動車製造・販売 |
| 倒産時の従業員数 | 約6000名 |
| 本社所在地 | イギリス<br>バーミンガム |

参照:
「英ローバー支援、制動遅れたBMW」日経産業新聞 *1999*年*2*月*9*日
『MG Rover's Supply Chain Disruption』by James B Rice Jr. Harvard Business Review
「ライバルとのコラボレーション戦略」ゲイリー・ハメル/C.K.プラハラッド/イブ レ ドーズ DIAMOND ハーバード・ビジネスレビュー *2005*年*2*月号

「過去の亡霊」型
成功体験が強過ぎて、そこから抜け出せずに変わる決断ができない

# 政府頼みの末に倒産

戦略上の問題

「過去の亡霊」型

成功体験が強過ぎて、そこから抜け出せずに変わる決断ができない

# ゼネラルモーターズ

どういう
会社
だったのか?

# 自動車王国アメリカの国益を代表する存在感ある企業

ゼネラルモーターズ(GM)という会社がアメリカを代表する自動車メーカーであることは、皆さんご存知のことと思います。その歴史は100年以上前に遡ります。

1900年初頭は、ようやく馬車から自動車へ、という流れが徐々に進み始めた頃です。当時は、自動車の動力源はガソリンなのか電気なのか、それとも蒸気なのかの結論が出ておらず、1903年にはガソリン自動車メーカーが99社、電気自動車メーカーが41社、蒸気自動車メーカーが106社、存在していたと言われています。

そんな中でガソリン車時代への流れを決定付けたのは、かのフォードです。シンプルなT型フォードを効率的に大量生産することによって、ガソリン自動車の低価格化に成功し、馬車の時代に区切りをつけ、ガソリン自動車を完全に定着させました。

自動車市場の不安定な黎明期の第1フェーズを制したのがフォードという革新的ベンチャー企業だとしたら、その次に続く成長期を牽引したのが、フォードと同時期に設立されたGMです。

GMは、創業者のウィリアム・デュラントが数十社に及ぶ自動車メーカーを買収し、その後を引き継いだアルフレッド・スローンがバラバラに広がっていたラインナップを整理します。つまり、GMに行けば購入者の予算に対して必ず見合う車が存在する、という状況を作り上げたのです。

さらに、車種を毎年モデルチェンジするという手法を導入し、消費者が計画的にモデルチェンジを予測しながら購入するというシステムを導入しました。これにより、シンプルで低価格のT型フォードに飽き始めたアメリカ市民の「買い替え需要」を取り込み、自動車市場の拡大に貢献します。

やがてGMは1920年代にはフォードを追い抜き、シェア1位を達成しました。その後、第二次世界大戦を経て、GMは常にアメリカの自動車市場で40％以上のシェアを握ることになり、成功企業のシンボルとなっていくのです。

1953年当時、GMの社長から国防長官に任命されたチャーリー・ウィルソンは、GMの株主である立場と国益との利益相反の可能性を聞かれた際、「国にとっていいことは、GMにとっていいことだし、逆もまた然りだ」という証言をし、物議を醸しました。一企業の利益と国益が同じであるとも捉えられかねない発言であり、今で言う「炎上発言」ですが、このエピソードからも、当時GMという企業のプレゼンスが、いかにアメリカにおいて高かったのかがわかります。

どのようにして倒産に至ったのか？

# 過去の「遺産」をリセットすることができなかった

このようなアメリカ最大の企業であったGMに、危機の最初の兆候が見えたのは1970年代のこと。トヨタ自動車を代表とする日本企業の台頭に気づいた時のことです。非常に効率的な生産方式と規律の正しい従業員の働き方にGMは気づき始めます。

そして、1980年代には、その兆候は明らかなものになります。GMとトヨタの合弁事業として設立されたNUMMIによって、それぞれの企業の品質とコストが白日の下に晒されました。恐るべきことにGMはトヨタにほぼ全ての側面で打ち勝つことができなかったのです。

しかし、上層部はこのような事態に直面しても、今までのやり方を変えることはできませんでした。その1つの理由に、GMの成立時からの組織の特徴である「分権化」がありました。当時、GMの傘下にはブランドが乱立していたため、数え切れないくらいの購買部門があり、そして数え切れないくらいの製造ユニットを抱えていました。しかも、横串では全く統制が効かない状態だったので、それぞれの現場では好き勝手な動きが許されていたのです。

当時、部品メーカーは同じ部品をGM傘下のそれぞれの購買部門に対して全く異なる値段で売っていたといいます。たとえ同じGMの中であってもお互いの購買部門は何をやっているのかわからないくらいのレベルでした。トヨタを代表とする統制のとれた日本企業に対して、GMのような複雑化してしまった組織が対抗する手段は、もはや限りなく難度が高いことになってしまっていたのです。

さらにもう1つ忘れてはならないのが、1950年前後に仕掛けられた「組合との協定」という時限爆弾の存在です。この時代にGMの経営陣は、全米自動車労働組合（UAW）と、賃金や年金、終生の医療費負担の提供など、極めて労働者に優位な協定（デトロイト協定）を締結します。当時はGMの業績も絶好調、そしてフォード、クライスラーを加えた「ビッグ・スリー」以外には競合がいなかったので、この協定の前提には「コストが問題になれば販売価格を上げればよい」という目算があったのだと思われます。

これはGMが躍進していた当時は全く問題にならなかったのですが、やがて燃費やデザイン面で優れる日本車との競争に直面し、販売価格を維持することも難しくなってしまいました。そうした前提となる競争ルールが変わり、そして社員が高齢化した時、その時限爆弾のインパクトは想像以上に大きなものになったのです。

結果的には、年金・退職者医療は巨額な債務となり、GMは債務超過に陥ります。その後、度重なる救済合併の検討や政府からのつなぎ融資が行われましたが、2009年6月、GMは連邦倒産法第11章を申請し、倒産に至ったのです。

なぜ間違えたのか?

# いざとなれば政府が助けてくれるという依存心が体質を蝕んだ

しかし、GMはなぜ変わることができなかったのでしょうか？　その1つには、いざという時に頼りになる「政府の存在」というものがあったと考えられます。日本車は先に書いた通り、1970年代から1980年代にかけて、その生産性をベースにした価格競争力を武器に台頭してきました。その時、GMが対抗策として行ったことは、自社のやり方を見直すことではなく、政府の力を使うこと。政治力を使った日本車の輸出自主規制や、国際的な為替介入などです。このようにして、本来このタイミングでなされるべきであった企業としての改革が、政府のバックアップによりまた潜在化していってしまったのです。

政府がGMを助ける理由は、言うまでもなく、自動車が国を支える大きな産業であるからに他なりません。チャーリー・ウィルソンの言葉にあった通り、アメリカにとってGMは象徴的存在。言ってしまえば「出来の良い長男」だったわけです。しかし、「いざという時に頼れる親がいる」ということが、GMの中に依存心を生み出し、それが企業体質を蝕んでいったのはとても皮肉なことと言わざるを得ません。

私たちへのメッセージ

GMの倒産のストーリーは私たちに多くのメッセージを残してくれます。そのメッセージの1つは、私たちは知らず知らずのうちに「過去」の影響を受け、その過去から生まれる「認識」に依存している、ということです。

GMにとってそれは、アメリカにおける最大企業であったということ、そしてそれによって有事の際には政府が手助けをしてくれたという過去です。この過去によって、GMには「いざとなればどこかで誰かがうまく帳尻を合わせてくれる」という「認識」が醸成されていたのではないでしょうか。こういう認識を持つ企業や人は、いざ修羅場に向き合った時の対応が甘くなるのは言うまでもありません。その結果、GMほどの大企業ですら倒産してしまったのです。

この事例を通じて、私たちは自分たちが持つ過去、そしてそこから生まれてくる「認識」について考えておく必要があります。この「認識」というものは、普段は見ることはできませんが、修羅場の時に存在感を発揮するのですから。

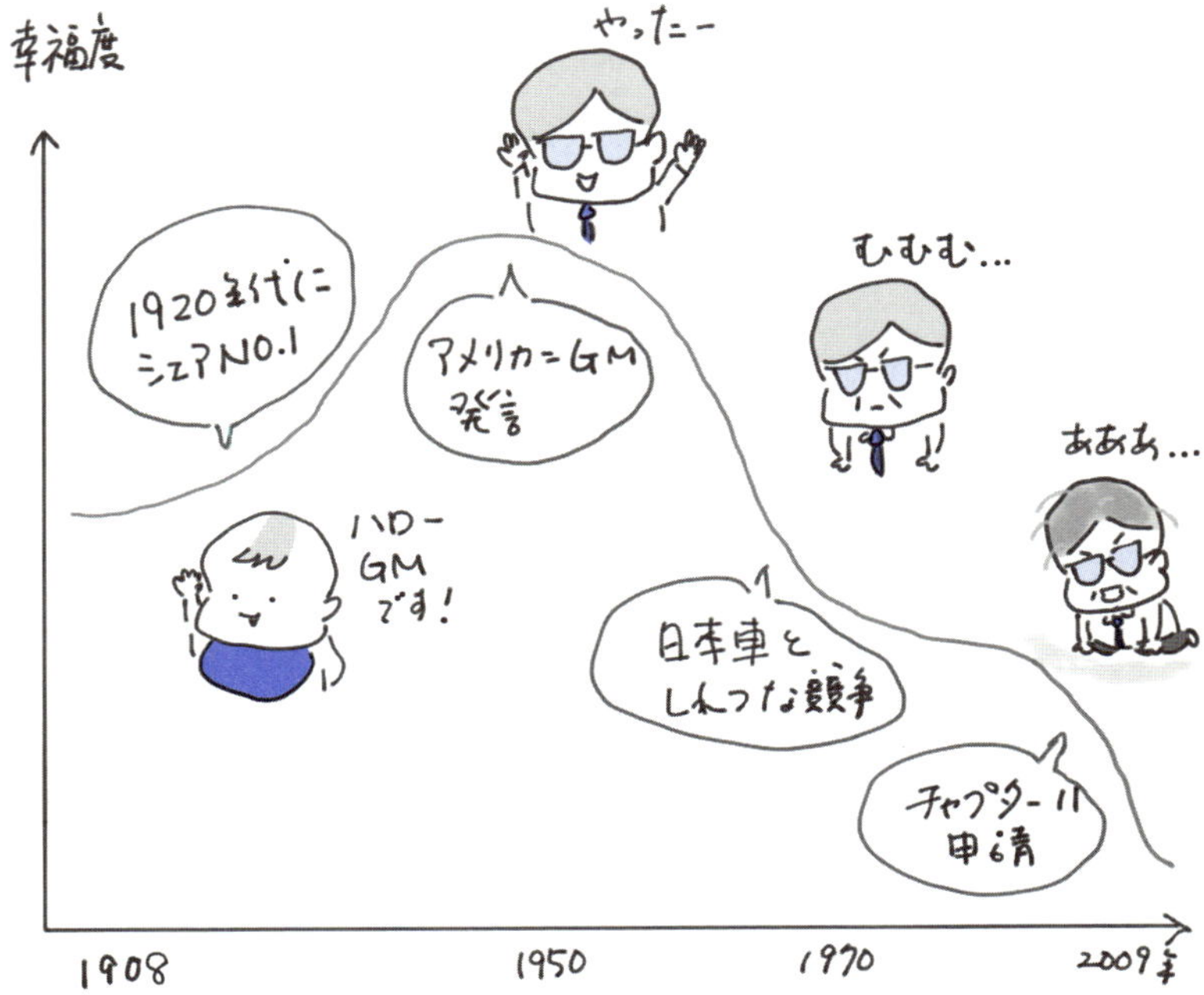


## ゼネラルモーターズ倒産に学ぶ3つのポイント

**01**

過度に分権化された組織は大きな変革の際の阻害要因になり得る

**02**

「甘え」の意識は、修羅場のタイミングで存在感を発揮する

**03**

過去の歴史から来る不要なプライドは捨て、今を正しく見つめ、これからを考えよう

「過去の亡霊」型

成功体験が強過ぎて、そこから抜け出せずに変わる決断ができない

| | |
|---|---|
| 企業名 | ゼネラルモーターズ |
| 創業年 | 1908年 |
| 倒産年 | 2009年 |
| 倒産形態 | 連邦倒産法第11章適用<br>（再建型倒産処理手続） |
| 業種・主要業務 | 製造業<br>自動車製造・販売 |
| 負債総額 | 1728億1000万ドル |
| 倒産時の売上高 | 1045億8900万ドル<br>（2009年12月期） |
| 倒産時の従業員数 | 24万3000名 |
| 本社所在地 | アメリカ<br>ミシガン州デトロイト |

参照：
『GMの言い分』ウィリアム・ホルスタイン PHP研究所
『なぜGMは転落したのかーアメリカ年金制度の罠』ロジャー・ローウェンスタイン 日本経済新聞出版社

「過去の亡霊」型

成功体験が強過ぎて、そこから抜け出せずに変わる決断ができない

Encyclopedia of Global Bankruptcy Company No. 005

# 重要なタイミングを逃して倒産

戦略上の問題

「過去の亡霊」型

成功体験が強過ぎて、そこから抜け出せずに変わる決断ができない

## ブロックバスター

どういう
会社
だったのか？

# 分散市場だったレンタルビデオ界を資本の力で短期間に一気に統一

ブロックバスターは1985年、アメリカのダラスにデビッド・クックにより設立されました。当時、アメリカにおけるレンタルビデオ業界は、ローカル色の強い中小企業が運営していました。大資本のない「分散市場」だったのですが、そこに風穴を開けたのがブロックバスターです。大量の仕入れによりコストを押さえつつ、破格のラインナップタイトル数と在庫数を取り揃え、コンピュータ管理をいち早く導入した在庫マネジメントを行うことで、初期の店舗は大きな成功を収めることができました。

創業翌年の1986年、ブロックバスターはさらなる拡張のために株式上場を目指しますが、その過程で会社の所有権は創業者のクックから全米一のゴミ処理会社の経営者でもあった投資家ウェイン・ハイゼンガに移ります。ここが勝負時と見極めたハイゼンガは、一気に店舗の拡大のアクセルを踏みます。

1986年当時19店舗しかなかったものを、分散していた中小競合店を買収することにより87年には133店、88年には415店、89年には1079店まで拡大させました。ハイゼンガは1990年代に入ってアメリカ国内市場が飽和状態に達したと見ると、イギリスをはじめとするヨーロッパ各国、南米、オーストラリア、そして日本への展開を開始しました

（日本では藤田田氏率いる藤田商会が日本ブロックバスター株式会社を設立しました）。

そして、１９９３年、創業からわずか8年という短い期間で、全世界において３４００店舗の開設を実現するまでに至ったのです。当時2位以下のレンタルビデオ企業は５００社ほど存在していましたが、それらの店舗を足し合わせてもブロックバスターには及びませんでした。

朝10時から深夜まで３６５日開店し、地元のニーズに合わせた商品ラインナップを実現していた当時は、もはや近隣住民にとって不可欠な存在となっており、このビジネスモデルは鉄壁のように見受けられました。

しかし、１９９４年、経営者であったハイゼンガは、ブロックバスターの将来性に見切りをつけ、アメリカ最大手のケーブルテレビ企業であるバイアコムにあっさり84億ドルで売却します。売却の理由を問われてハイゼンガはこう答えます。

「年率50％近い成長を遂げれば、株価は収益の30倍以上で取引されてもおかしくないが、現実は20倍でしか取引されない。原因は光ファイバー網の整備にある。封切り映画がオンデマンドで家庭に送られるようになれば、ビデオはテレビに消されるだろう」

結論から言えば、この時のハイゼンガの投資家としての判断は極めて正しかったと言えるでしょう。この時をピークに、ブロックバスターは下降の一途を辿っていくのです。

どのようにして倒産に至ったのか?

# 媒体の変化をきっかけに一気にビジネスモデルが陳腐化

では、買収したバイアコムの狙いはどこにあったのでしょう。実はその当時、ブロックバスターを買収する一方で、映画やスポーツ番組の放映権を持つパラマウントを100億ドルもの大金を払って買収していました。バイアコムの年商は100億ドルを超え、ディズニーと肩を並べる巨大メディア企業となったのです。

そこで描いていたシナリオは、パラマウントの映画をバイアコムのケーブルテレビで放映しつつ、ブロックバスターにビデオとして供給する、ということです。上流のコンテンツから下流の家庭までのチャネルを支配することによって相乗効果を最大化する、という算段でした。

しかし、実際にはこのバイアコムの戦略はうまく機能しませんでした。あまりにも借り入れが大き過ぎて、その期待値に見合うだけのパフォーマンスが達成できなかったのです。そして、傘下に入ったブロックバスターも、ウォルマートやトイザラスに苦しめられていました。大手小売店が名作を大量発注し低価格で売り切る「セルスルー」という方式を浸透させ、レンタル需要を奪っていたのです。バイアコムにおいて「日銭を稼ぐ」存在だったブロックバスターの急激な低迷は、グループの財務内容を悪化させ、株価下落の要因となりました。

さらに、2000年前後にブロックバスターの競争環境に新たな逆風が吹きます。DVDの浸透とビデオテープの衰退です。

この媒体の変更はブロックバスターにとっての大きな競合を生み出しました。シリコンバレー発1997年創業のベンチャー企業、ネットフリックスです。ネットフリックスは店舗を持たずに、郵送でDVDを貸し出すというビジネスモデルをスタートしました。DVDはビデオテープよりも壊れにくく、小さいために郵送しやすいという特徴があったため、店舗を持たずともレンタルが可能になったのです。

また、ネットフリックスはブロックバスターにとっての収益源の1つでもある「延滞料金」を廃止しました。月額料金制、つまり決められた本数内であればいつまでも借りることが可能というシステムに変更し、延滞料金から消費者を解放したのです。加えて、ネットフリックスは店舗がないという強みを活かし、ブロックバスターの各店舗が保有するタイトルの10倍以上の在庫をバックヤードに取り揃えました。

「より手軽に、見たい映画を、時間を気にすることなく見ることができる」というネットフリックスの新たなビジネスモデルにより、ブロックバスターの魅力は一気に半減し、消費者離れは加速しました。

そして、2004年、とうとうバイアコムは負債圧縮のために、ブロックバスターを分離する意思決定をします。それ以降、ブロックバスターはネットフリックスと同じDVD郵送レンタル事業にシフトを図りますが、既にレコメンデーション機能などを通じて優位性を築いていたネットフリックスに追いつくことができず、2007年にはDVD郵送事業を縮小するとともに、リストラを進めるために全米各所にある店舗を一斉に閉鎖します。

そして、店舗縮小以外もはや打つ手のなくなったブロックバスターは、2010年9月、連邦倒産法第11章を申請し、経営破綻を発表することとなったのです。

なぜ間違えたのか?

## ターニングポイントは倒産の16年前に到来していた

ブロックバスターのストーリーは、旧来型のルールでビジネスを支配したプレイヤーが、環境変化によって一気に敗れ去っていく、という典型的なものと言えるでしょう。不祥事などがあったわけではないにもかかわらず、わずか10数年でトップ企業から倒産へと至るストーリーは、多くのトップ企業に深刻な問いを投げかけます。

当然のことながら、この問いには簡単に答えることができませんが、ブロックバスターの件で1つ言えることがあるとすれば、ターニングポイントは倒産の16年前にあった、ということです。つまり、1994年、ハイゼンガがバイアコムに売却したことに遡ります。結局、ブロックバスターはバイアコムから２００４年に再度売りに出されるのですが、市場変化が急激に起きたこの２０００年を挟んだ10年間において、バイアコムという大手メディア企業の傘下にいた、ということにブロックバスターの悲劇はあるのです。

このビジネスが大きく変化した期間において、ブロックバスターはバイアコムというグループの戦略下に位置付けられた一子会社という存在でした。そのガバナンス下においては、本来ブロックバスターが行うべきビジネスモデルの変化の布石に対する優先度が高くなく、バイアコムの買収によってブロックバスターの位置付けは二転三転しました。言ってしまえば、この重要な時期に「親会社のゴタゴタ」に巻き込まれてしまったのです。

再度放出された２００４年には、もうネットフリックスは多大な顧客データを持つことによってゲームを支配してしまっており、ブロックバスターが倒産に至るまでの残りの6年間は、もはや延命を図る以外どうしようもなかったでしょう。

振り返ってみれば、１９９４年にバイアコムに売却をしたハイゼンガは、最も価値のあるタイミングで売却した、という意味において、投資家として鋭い嗅覚に基づく意思決定をしました。しかし、もしそのままハイゼンガ体制で独立を保ちながら、佳境の２０００年に突入していれば……。歴史に「たられば」を考える意味はありませんが、ハイゼンガ率いるブロックバスターは、その後に創業するネットフリックスとどんな戦い方をしていたのか、一度見てみたい気がします。

私たち
への
メッセージ

その業界において、ルールが大きく変わる「勝負の時」というのは必ず訪れます。そのタイミングで、変なしがらみにとらわれることなく、正しい意思決定ができる状態にあることが何よりも大切だということをこの事例は教えてくれます。

そして、そのタイミングを一旦逃してしまえば、どれだけ栄華を誇っていた企業であっても、新たなルールに基づいて再び業界を支配することは難しいのです。特に、今回のブロックバスターの事例に見られるように、「データ量獲得」が勝負の条件の1つになってしまうと、先行企業に追いつくことが極めて難しくなります。

皮肉なことに、その変化を予見できたのは、ブロックバスターを売却したハイゼンガだったわけですが、彼が気づいたようなタイミングで変化に気づくことは何よりも価値のあることなのです。

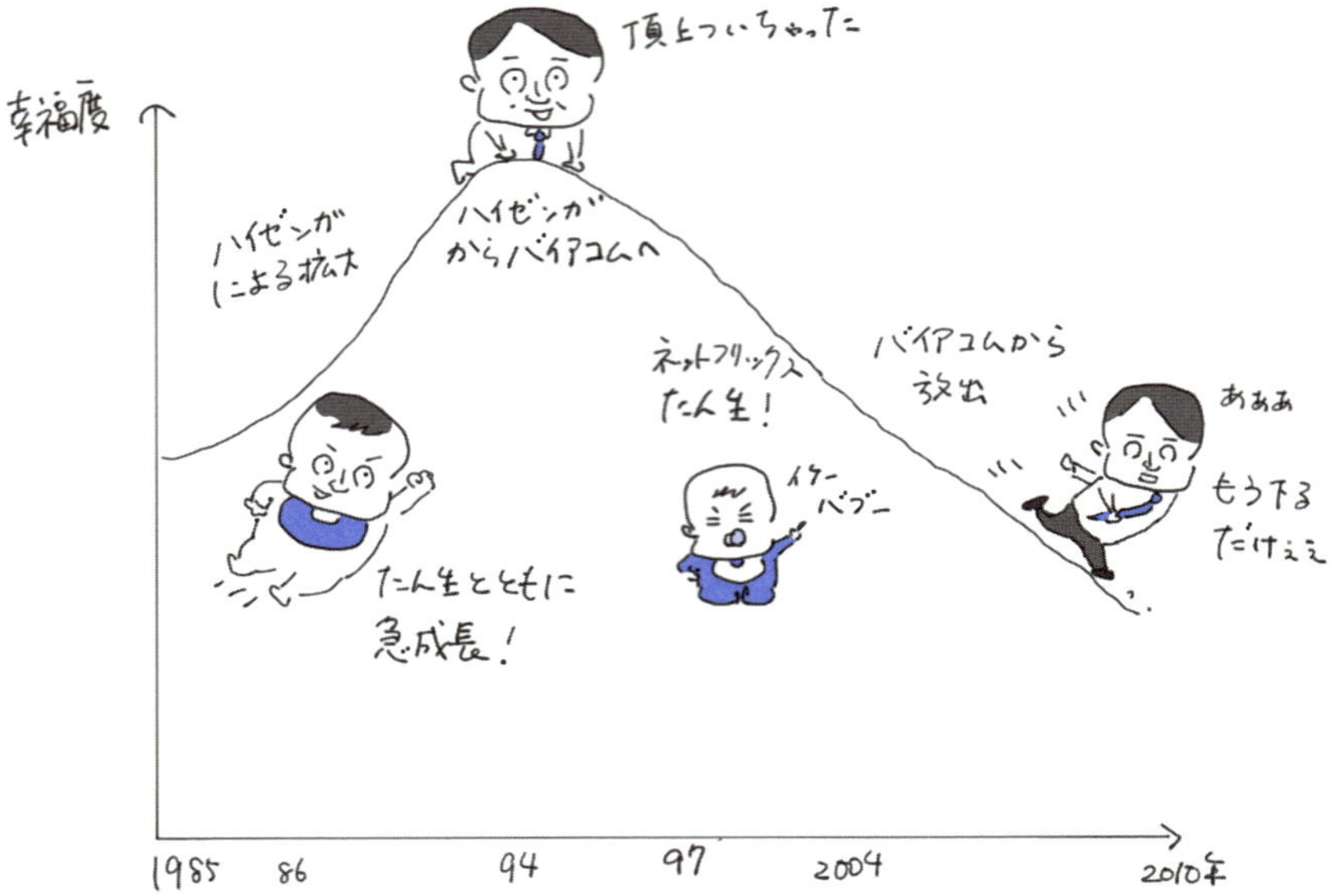


## ブロックバスター倒産に学ぶ3つのポイント

**01**

業界のルールが変わるタイミングを正しく見極めよう

**02**

市場の評価は、業界ルールの変更を感じ取る1つの目安になる

**03**

変革のタイミングに遅れると、どれだけの企業であっても致命傷を受けることを認識しよう

| | |
|---|---|
| 企業名 | ブロックバスター |
| 創業年 | 1985年 |
| 倒産年 | 2010年 |
| 倒産形態 | 連邦倒産法第11章適用<br>（再建型倒産処理手続） |
| 業種・主要業務 | ホームエンターテイメント |
| 負債総額 | 約10億ドル |
| 本社所在地 | アメリカ<br>コロラド州エングルウッド |


参照：
Disruptive Innovation: Blockbuster becomes a casualty of big bang disruption』 by Larry Downes and Paul Nunes Harvard Business Review *2013* Nov *7*
『Movie rental Business: Blockbuster, Netflix and Redbox』 by Sunil Chopra Kellogg School of Management

# 希望的観測を抑え込めず倒産

戦略上の問題

「過去の亡霊」型

成功体験が強過ぎて、そこから抜け出せずに変わる決断ができない

## コダック

どういう
会社
だったのか?

# 市場がないところに市場を創り出したザ・ベンチャー

コダックは1884年にジョージ・イーストマンが創業した企業です。家計が苦しかったイーストマン一家に生まれたジョージは、14歳から保険会社で働き始め、銀行へと転職し、家計を支えます。転機が訪れたのは彼が24歳の時。趣味として湿板技術による大きな写真機材を持っていたジョージは、湿板技術の不便さを感じるとともに、いつでも撮影できるようになる乾板技術の可能性にいち早く気づきます。

そこで、銀行に勤めながらも、その傍らで乾板のプロセス技術の開発に精を出し、3年後の1880年、ようやく乾板そのものと乾板生産技術の完成に至ります。その特許を持ってジョージは銀行を退職し、1884年、イーストマン・ドライ・プレート・アンド・フィルムを設立しました。確固たる技術をベースにしたベンチャー企業の誕生でした。

ちなみに、コダックという名前が社名になるのは、創業後のことです。コダックという言葉そのものに特に何か意味があるわけではありません。後にジョージが語ったところによると、彼はKという言葉に力強さを感じ、Kで始まりKで終わる組み合わせの中から、「KODAK」という言葉を生み出したとのことです。そして、1888年にはこのKODAKブランドを付けたカメラが売りに出され、1892年には社名もイーストマン・コダックに変

「過去の亡霊」型

成功体験が強過ぎて、そこから抜け出せずに変わる決断ができない

更されます。

ジョージは写真というものはプロのためだけのものではなく、一般の家庭に浸透すべきだというビジョンを持っていました。面倒なカメラのプロセスをもっと簡単なものにして、「カメラを鉛筆並みの便利な道具に生まれ変わらせたい」という想いを胸に、彼はいち早くフィルムビジネスの未来を読み解き、ガラス製写真感光板の製法を確立します。そして、世界で初めてロールフィルム、後にカラーフィルム（1935年）を発売するのです。

当初、フィルムというものがまだ存在しなかったため、コダックはその浸透に努めました。つまり、フィルムそのものの認知を高め、より多くの人に実際に使ってもらうことが大切だったのです。

そのためには、技術への投資のみならず、営業やマーケティングへの投資も必要不可欠と判断したコダックは、大々的な宣伝への投資とフィルム販売店との関係強化に努めます。特に、「あなたはシャッターを押すだけ、あとは当社にお任せください」というキャッチフレーズの広告で市場に大きなインパクトを与え、フィルムカメラがどのようなものかわからない顧客に対する認知度を高めました。

さらに、フィルムの浸透を図るために、価格面においては「レーザーブレード戦略」を採用しました。つまり、髭剃り本体を安くして替え刃で儲けるビジネスのように、カメラを低価格で売り、その後のフィルム販売で儲けるようにしたのです。

これらの戦略は、実はマーケティングの教科書にある「4P」という基礎的なポイントをしっかり押さえていることがわかります。4Pとは、製品をちゃんと売るためには、Product（商品）－Price（価格）－Place（チャネル）－Promotion（販促）という4つのPの整合が重要である、という概念であり、コダックの当時の販売戦略は結果的にこの論点をしっかり押さえていたわけです。

このように時代を見極めて正しい戦略を推進した結果、コダックはフィルムの市場拡大とともに、順調に成長していったのでした。1962年には、コダックの売上は10億ドルに達します。さらに同社は、一般消費者向けにとどまらず医療用画像やグラフィックアート向けにも領域を拡大しました。こうした製品のほとんどは、銀塩技術を使い、少しずつ改良を重ねたものでした。

そして、コダックは、1976年にはアメリカ国内のフィルム市場の90％、カメラ市場の85％を占めるようになっていました。圧倒的ナンバーワンであり、コダックの技術的な強さと市場への展開スピードにより、有力な競合他社が現れることはありませんでした。そして、創業して100年が経とうとする1981年に、コダックの売上はとうとう100億ドルに達したのです。

このようにフィルム市場を切り拓き、その市場の拡大とともに安定的に成長したコダックの100年の歴史でしたが、1980年代、市場に大きな変化が訪れます。デジタル化です。

どのようにして
倒産に
至ったのか？

# いち早くデジタル化を進めたが、ビジネスモデルに固執して失敗

コダックが100億ドルの売上を計上した1981年、ソニーはテレビ画面上に画像を表示するフィルムレスの電子スチルビデオカメラ「マビカ」を発表しました。この商品を皮切りに、市場の関心はデジタル化に向いていきます。

とはいっても、コダックはデジタル技術に遅れていたわけではありません。実はコダックは、ソニーよりも前に世界最初のデジタルカメラの試作機を作った会社でもありました。それはなんと1975年のことです。デジタルカメラの普及版となるカシオ計算機の「QV－10」が世に出たのが1995年のことですから、それより20年も前にコダックはデジタル化の流れに気づき、そして開発投資を行っていたのです。

しかし、コダックは、それと同時並行で「フォトCD」というデジタル写真の保存用製品を商品化します。コダックは、写真ビジネスは「撮影」だけで儲けるのではなく、その後工程の「現像」「印刷」に大いなる利潤があることを長年の歴史を通じて知っていました。デジタル化の時代になったとしても、ビジネスモデル全体を押さえなければ、今まで通りの売上や利益を確保できない。そう考えて撮影だけにとどまらない技術開発を行ったのです。

しかし、コダックはその後、悲劇的な結末を迎えます。結果的に、デジタルカメラにおい

ては1990年代後半には多くのプレイヤーが参入し、コダックは競争力を失います。そしてデジタルデータの記録媒体は独自の進化を遂げ、フォトCDの定着には至りませんでした。さらに既存事業であるフィルムも、残存利益の確保において富士フイルムの価格攻勢に遭い、収益力を失ったまま、デジタルカメラの浸透によって完全に道を閉ざされます。

そして2012年、コダックは連邦倒産法第11章を申請し、倒産に至ります。市場を創造し、130年もの歴史を持つグローバル大企業にしては、何ともあっけない倒産劇でした。

なぜ間違えたのか?

## 身に付いた成功の形を変えられなかった

コダックは創業以来、前述の通り、「レーザーブレード戦略」で大成功を遂げました。つまり、上流の製品と下流のフィルムまでを一貫して手掛け、入口のハードルを低めながら全体で収益を上げる戦いによって成功していたのです。

しかし、デジタル化の流れは、一般的にこのような「一貫した仕組み」を分断し、破壊します。ハードはハードで、ソフトはソフトで、切り離された戦いを成立させていくのです。こういうことを、専門用語ではビジネスの「アンバンドル化」と言います。

一旦ビジネスがアンバンドル化されると、統合型のビジネスを手掛けていた企業は一気に力を失います。統合して全体を調整していく強みが、一気に無力化・負債化するからです。コダックは、ビジネスを何としてでも「統合型」として成立させるように仕掛けていきますが、それは川の流れを素手で押し止めようとするようなもの。自然の摂理には敵いません。結果的には、その流れを止めることができず、アンバンドル化の過程で崩壊していくのです。

もちろん、コダックの思慮が足りなかったという側面もあるかも知れませんが、私たちは後日談をベースにこの事例を笑うことはできません。優秀な人材はたくさんいたでしょうし、彼らによるビジネスの分析も行われていたはず。デジタル化に真っ先に踏み込んだ通り、デジタル化の未来を予測し、最も脅威を感じていたのはコダックだったのかも知れません。

しかし、それ以上に、コダックには「保守派」「守旧派」と呼ばれるステークスホルダーが多く存在していました。銀塩周りの写真品質にこだわる技術者や、現像に関わる販売店など、従来のコダックのビジネスモデルによって潤う人たちはたくさん存在したのです。このような技術的転換点において、経営者はジレンマに陥り、そして、ジレンマは「希望的観測」を生み出します。「こうなってくれた方が私たちにとって強みが活かせる」「この方が私たちに都合が良い」という願いが冷静な分析を打ち消していくのです。

創業者のジョージ・イーストマンが考えたように、この当時の経営陣もビジネスを「ゼロベース」で考えるべきだった、というのはその通りでしょう。しかし、実際の経営は、こういったジレンマに伴って湧き上がってくる「希望的観測」を黙らせないと前に進まないというのが現実。コダックはその向き合い方に失敗したのかも知れません。

私たち
へのメッセージ

このコダックの事例は、経営のイシューとしても捉えることができますが、個人のキャリアとして考えても多くの示唆を含んでいます。

過去の成功を受けて、当面は収入に困らない仕事がある。そしてその収入をベースにしながら、養うべき家族がある。しかし、中長期的には技術転換があり、その仕事がなくなる可能性がある……。こんな風に置き換えてみると、この意思決定の難しさに対するリアリティを感じられるのではないかと思います。「仕事を変えたくない」「変わりたくない」という気持ちが、「これだけ一生懸命にやっているのだから、このままでも何とかなるかも知れない」という希望的観測を生み、徐々に危機意識が麻痺していくのです。

もちろん、当人は、そうやってキャリア形成に失敗した先人たちのストーリーも知っているのですが、「その件は自分には当てはまらない」と思っている。コダックの経営陣もそんな心境に似たような状態だったのかも知れません。厳しい状態に置かれた時に常に湧き上がってくる「都合の良い希望的観測」にどう打ち勝っていくか。そこに万人に通用する絶対解はありません。しかし、このような先人たちのジレンマを知っておくだけでも、客観的に考えるきっかけをもたらしてくれるのではないでしょうか。

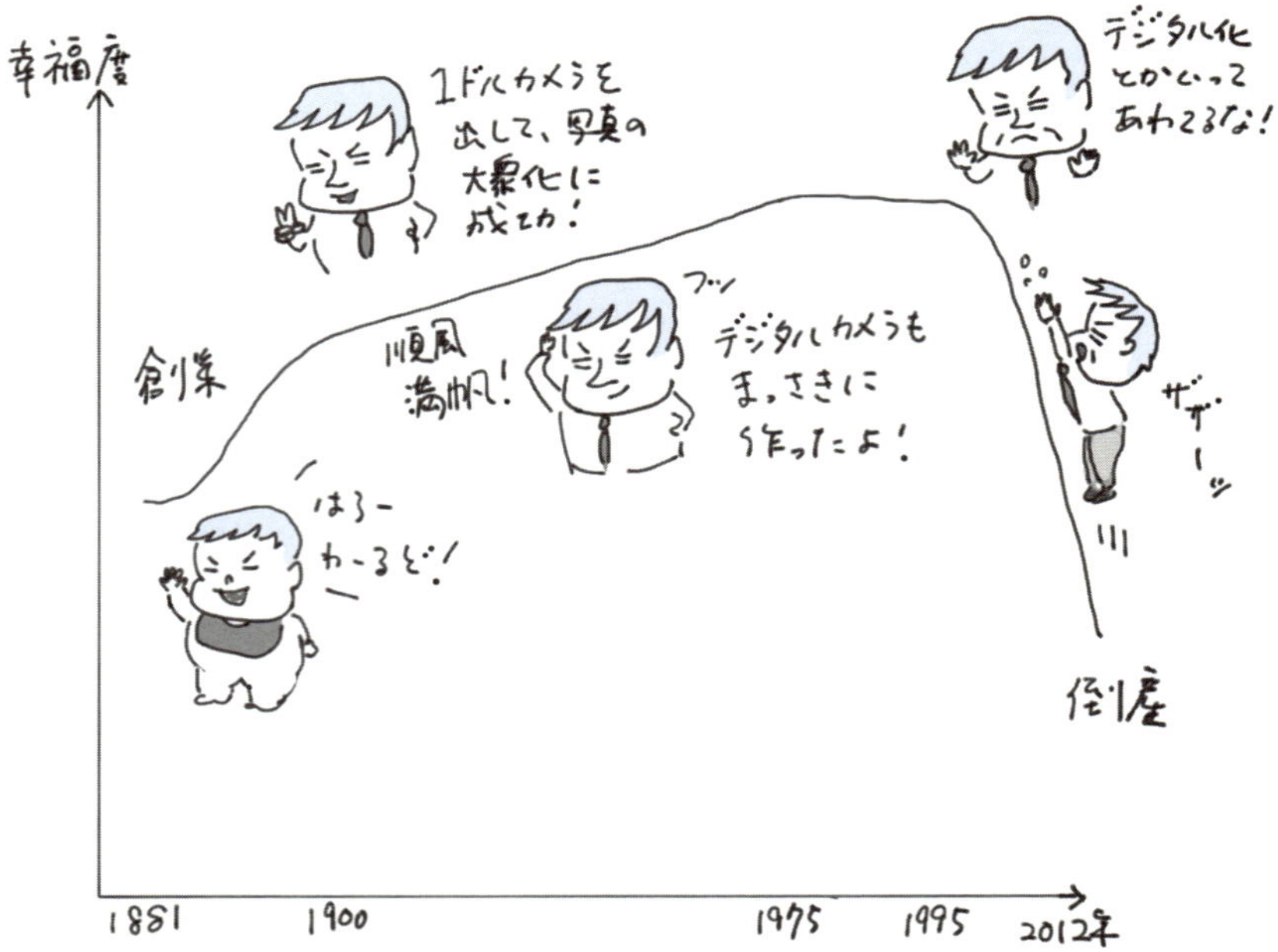


## 「コダック倒産に学ぶ3つのポイント」

**01**

デジタル化は上流から下流まで統合されていたビジネスをアンバンドル化していく

**02**

デジタル化が進む中で、旧来型の「統合」にこだわり続けていると急速に力を失うことを認識しよう

**03**

根拠のない「希望的観測」に惑わされることなく、合理的な意思決定を心がけよう

| | |
|---|---|
| 企業名 | コダック |
| 創業年 | 1881年 |
| 倒産年 | 2012年 |
| 倒産形態 | 連邦倒産法第11章適用<br>(再建型倒産処理手続) |
| 業種・主要業務 | 製造業<br>情報通信機械器具製造業 |
| 負債総額 | 約67億5000万ドル |
| 倒産時の売上高 | 27億1900万ドル<br>(2012年12月期) |
| 倒産時の従業員数 | 1万3000名<br>(2012年12月期) |
| 本社所在地 | アメリカ<br>ニューヨーク州ロチェスター |


参照:
『競争優位の終焉』リタ・マグレイス 日本経済新聞出版社
『最強の「イノベーション理論」集中講義』安部徹也 日本実業出版社
『コダックとデジタル革命』 by GIOVANI GAVETTI /REBECCA HENDERSON/ SIMONA GIORGI Harvard Business School
「ジョージ・イーストマン ポータブルカメラで世界を変えた発明者」ダイヤモンド・オンライン ***2008***年***9***月***25***日

Encyclopedia of Global Bankruptcy Company No. 007

# 新規事業の入り方を間違えて倒産

戦略上の問題

「過去の亡霊」型

成功体験が強過ぎて、そこから抜け出せずに変わる決断ができない

## トイザラス

どういう
会社
だったのか?

# 「おもちゃのスーパーマーケット」という新たなコンセプトを生んだ

トイザラスは、1957年にチャールズ・ラザラスによって設立されました。父親が営む子ども向けの家具小売店を引き継いだラザラスは、家具よりもおもちゃの方にビジネスとしての魅力を感じ、当時アメリカに広がっていたディスカウントショップの手法を真似て、おもちゃのディスカウントショップを設立しました。それがトイザラスのスタートになります。

その後、トイザラスは順調に店舗を広げていきます。ラザラスは1966年にはインターステート・デパートメント・ストアーズに750億ドルで売却しますが、1974年、インターステートストアーズの倒産を機に、再度トイザラスを買い戻し、独立企業としての道を進みます。そこから、トイザラスの快進撃が始まります。

広い店内を自分でショッピングカートを運びながら回る「おもちゃのスーパーマーケット」という新しい概念は消費者に驚きを与えました。スーパーマーケットというコンセプト通りの豊富な商品ラインナップ、そして問屋を排除したメーカーからの直取引と店舗数を背景にした大量購入による「価格破壊」。これらの価値提供によって、トイザラスは1988年には全米で2割ものシェアを取り、「世界最大の玩具スーパー」となりました。

トイザラスは当時、「カテゴリーキラー」という存在の代表格でしたが、「カテゴリーキラー」という名前の背景には、トイザラスが出店すれば、周囲の中小玩具販売店は軒並み消滅してしまう、ということがあります。当時のトイザラスはそれほどに凶暴なまでの力を持ち、圧倒的に消費者の支持を受ける企業でした。

そして1990年代には本格的な海外展開にも乗り出します。日本においては、藤田田氏率いる日本マクドナルドと提携して、1991年に参入しました。この動きは、玩具店を中心とする地元からの反対運動を引き起こし、日米の経済摩擦問題にもつながるほどのインパクトを与えた事例となりました。小売業1社の参入がこれだけの注目を浴びたのは、トイザラスの「カテゴリーキラー」としての破壊力が強大だったからに他なりません。

しかし、それだけ勢いがあったトイザラスに、翳りが見え始めたのは1990年代後半でした。1990年代前半まではアメリカ国内シェアが25%あったものが、1998年には17%まで落ち、1億3200万ドルもの純損失を出してしまったのです。

その背景は、eコマースの台頭でした。

どのようにして倒産に至ったのか？

## eコマース事業への入り方に完全に失敗

玩具のネット販売にいち早く参入したのは、カリフォルニア発のベンチャー企業イートイズでした。イートイズのサイトは、トイザラスと比較して圧倒的に使い勝手が良く、品揃えも豊富で、商品によってはトイザラスの10倍以上のラインナップがありました。トイザラスはイートイズに遅れて1998年6月にネット販売を開始。しかし大事なクリスマス商戦で商品の遅配を起こし、訴訟沙汰になるなど体制の不備を露呈し、ブランドイメージを大きく毀損することになりました。ここからトイザラスの迷走が始まります。

1999年1月にはトイザラス・ドット・コムとしてネット販売専門の子会社を立ち上げ、ベンチャーキャピタルから資金調達を行い、8000万ドルを投資しました。しかし、それだけの投資をしたにもかかわらず、トイザラスは既存の店舗への配慮を優先させ、トイザラス・ドット・コムに価格決定権などの自由を与えませんでした。

本来トイザラス・ドット・コムは、トイザラス本社から離れ、イートイズなどeコマースの競合に対する戦略を立てるミッションがあったはずなのですが、本社からは厳しい制約が課せられ身動きが取れなくなってしまいます。トイザラス・ドット・コムの初代CEOは、就任間もないタイミングで本社に愛想を尽かして辞めてしまいます。

その一方で、トイザラスは2000年、eコマースへのテコ入れのため、アマゾンとの10年間もの長期パートナーシップ契約を結びます。トイザラスのウェブサイトでクリックするとアマゾン内の専用サイトに飛ぶ、という仕組みで、トイザラスはこのアマゾンへのアウトソースに年間5000万ドル＋販売手数料を支払う代わりに、アマゾンはトイザラス以外の玩具は販売しない、という契約でした。

トイザラスはこの契約によってオンライン部門の売上は確保したものの、収益ベースでは黒字化には至りませんでした。そして、この長期契約はアマゾンによってあっけなく打ち切られます。アマゾンがイーベイに対抗するために、トイザラス以上の玩具ラインナップが必要になったためです。アマゾンは仕入先を強化するために、５０００万ドル近い違約金を支払い、トイザラスと手を切りました。

アマゾンとの長期契約により売上確保は確実と思われていたｅコマースでしたが、振り返ってみれば、アマゾンはトイザラスから顧客情報や顧客行動に関する貴重なデータを入手した一方で、トイザラスにとっては主流となっていたオンライン事業がリセットされてしまったのです。

さらに、今度は実店舗にも大きな競合が現れます。ウォルマートです。多様な商品を低価格で提供するウォルマートは、玩具を集客の目玉として原価割れまで徹底的に値下げすることで、「価格破壊」を謳っていたトイザラスの特長を潰しにかかります。

オンラインと実店舗双方において手詰まりとなったトイザラスは２００５年、投資会社のＫＫＲ、ベインキャピタル、ボナルド・トラスティー・トラストの3社連合体にＬＢＯ（レバレッジド・バイアウト）という方法で66億ドルで買収されました。トイザラスのキャッシュフローや資産を担保にした借入金をベースに買収する、という手法です。

しかし、結果的にはこの買収がトイザラスの再浮上の芽を摘む形になりました。買収の際に抱えた50億ドルもの負債により事業への投資がままならず、そして株主3社の思惑の違いにより当初2010年に目指していた株式上場も断念せざるを得ない状況に追い込まれます。最終的には債務返済の期限の到来とともにゲームオーバー。2017年9月、連邦倒産法第11章を申請することになります。アメリカの小売業として負債ベースで3番目に大きな倒産でした。

なぜ間違えたのか?

## ルール変更の初期対応を誤り、のちの意思決定ミスで自らにとどめ

既存事業における圧倒的勝者が、新しいルール変更についていけずに敗者へと転じてしまう。トイザラスの歴史はその典型的な失敗事例と言えるでしょう。今回のターニングポイントは、1990年代後半のeコマース事業への入り方で2つの失敗をしてしまったことにあります。

1つ目は、eコマースの出現をゲームのルールが変わったと認識せず、「既存のルール前提での正しい対応」をしてしまったこと。そして2つ目は、新たなルールであると認識し直した後に、「他人任せ」で対応しようとしてしまったことです。この2つは大きなルール変更があった際の「組み合わせコンボ」のようなもので、初期の対応の遅れで浮き足立ち、その

後に一発逆転を狙うあまり、冷静に考えればあり得ない意思決定で自らにとどめを刺してしまう……という典型パターンです。

そういう意味では、初期対応こそが何よりも大事。後日談的に言えば、1990年代後半においてトイザラスにとって大きな収益を生み出していた既存の実店舗の業績を短期的に落としてでも、まだ赤字しか生み出していなかったオンライン事業でのイートイズなどとの戦いを優先させるべきだったのでしょう。

しかし、その当時、その意思決定に関わる立場にいたとしたら、そこまで思い切った意思決定ができたか。その問いに正面切ってイエスと言い切れる人は多くないでしょう。それだけにこのトイザラスの題材は、経営者にとって重い問いを投げかけるのです。

私たち
への
メッセージ

このトイザラスの事例は、「ビジネスを見るためのレンズ」の存在を私たちに気づかせてくれます。私たちは普段、無意識でいれば、既存のビジネスにフィットしたレンズを通して物事を見ています。そのレンズは、既存のルールの中において正しく競争に勝てるかどうか、与えられたKPI（重要業績評価指標）や目標を達成できるかどうかをしっかり見つめることを助けてくれます。そして熟練すれば、そのレンズはより細かいポイントを精度よく映し出してくれるでしょう。

しかし、どれだけ優れたレンズであっても、1つの世界しか映し出してくれません。それ以外の世界を見たいのであれば、別のレンズを持たなくてはならないのです。そして、ルールの変更に気づくためには、使い慣れたレンズを一旦手放して、新しいレンズを通して世の中を見つめてみる必要があります。慣れないために焦点は合いにくいかも知れませんが、使っているうちに徐々に解像度高く物事が見え始めてくるでしょう。

さて、もちろんレンズというのは比喩であり、本質は「頭の使い方」にあります。例えば私たちの過去1週間の活動を振り返ってみましょう。目の前にあるルーティン業務から離れて、3年後の世界から、異業種から、過去事例から……といったような高い視座で自分たちの業界を俯瞰的に考えた時間は何時間、あるいは何分あるでしょうか？

すぐに返さなくてはならないメールや提出しなくてはならない資料、そういった多忙な環境において、そんな視座で物事を考えるというのは一見非合理的のように思えます。しかし、日頃からそういう癖をつけておかなければ、高解像度のレンズを手に入れることはできず、いざという時に既存のルールに引っ張られた中途半端な対応しかできなくなってしまうのです。

トイザラスは、この変化の激しい時代において、「解像度の高い新たなレンズ」を持ち合わせているか、という本質的なメッセージを伝えてくれる事例なのです。

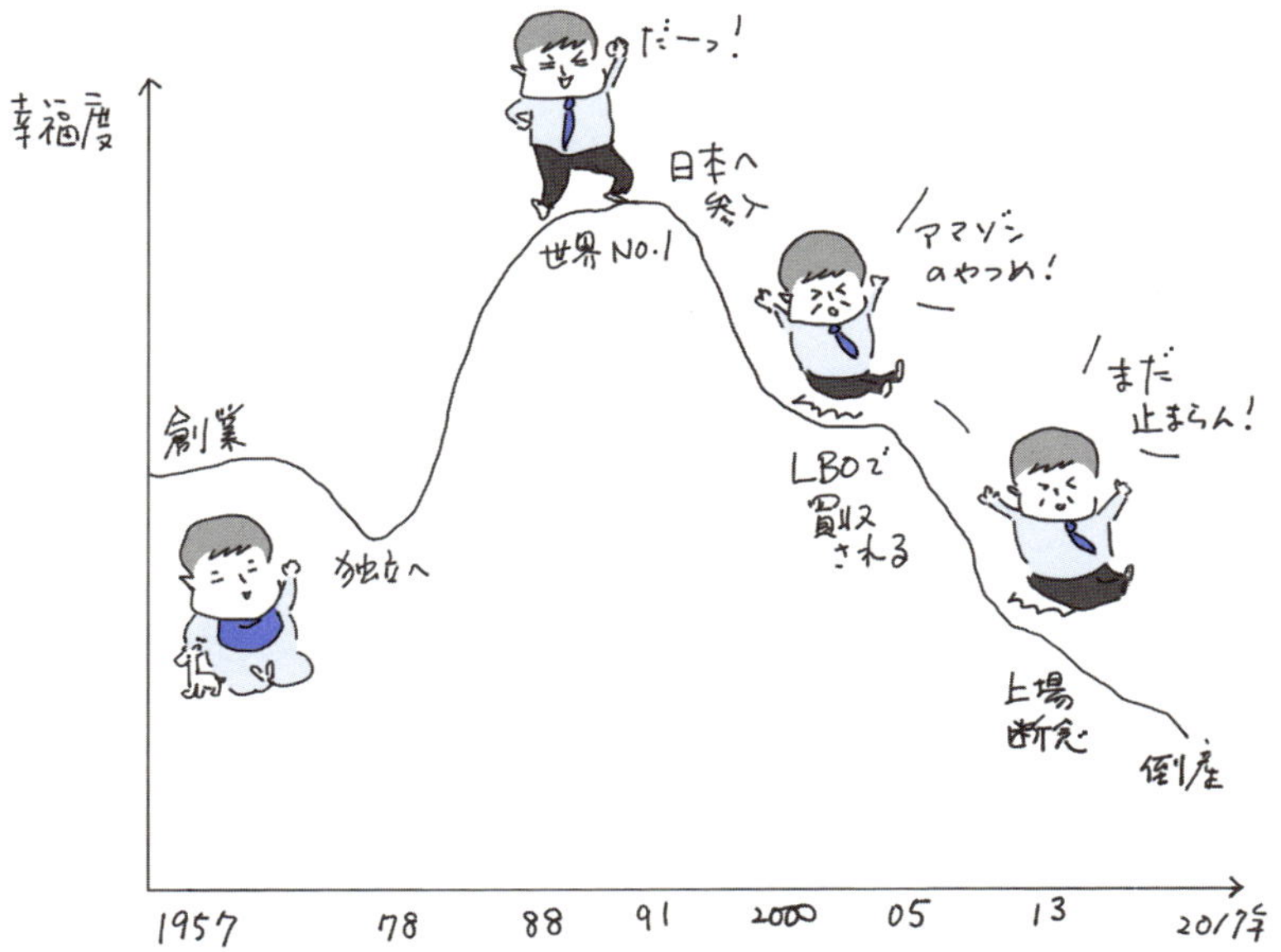


## トイザラス倒産に学ぶ 3つのポイント

**01**

業界のルールが変更になった後、「ルール変更前の世界」における正しい行動にこだわらないようにしよう

**02**

ルールが変わったにもかかわらず、中途半端な対応をすると、傷口を広げることになる

**03**

物の見方、考え方を柔軟にするために、時間や立場を変えて考えてみるトレーニングを心がけよう

「過去の亡霊」型

成功体験が強過ぎて、そこから抜け出せずに変わる決断ができない

| | |
|---|---|
| 企業名 | トイザラス |
| 創業年 | 1957年 |
| 倒産年 | 2017年 |
| 倒産形態 | 連邦倒産法第11章適用<br>（再建型倒産処理手続） |
| 業種・主要業務 | 小売業 |
| 負債総額 | 約52億ドル |
| 倒産時の売上高 | 115億ドル |
| 倒産時の従業員数 | 3万3000名 |
| 本社所在地 | アメリカ<br>ニュージャージー州ウェイン |

参照：
『TOYS “R” US : What went wrong』 by Arpita Agnihotri and Saurabh Bhattacharya IVEY Publishing
『Toys “R” Us Japan』 by Debora Spar Harvard Business School

「過去の亡霊」型

成功体験が強過ぎて、そこから抜け出せずに変わる決断ができない

# 技術を過信して倒産

戦略上の問題

「過去の亡霊」型

成功体験が強過ぎて、そこから抜け出せずに変わる決断ができない

## ウェスチング ハウス

どういう
会社
だったのか?

# 技術イノベーションでアメリカの歴史に名を刻んだ名門コングロマリット

ウェスチングハウス・エレクトリックは1886年、発明家であるジョージ・ウェスチングハウスによって設立されました。創業当初、ウェスチングハウスは、かのニコラ・テスラをコンサルタントとして雇い、交流送電システムを開発し、トーマス・エジソン率いるゼネラル・エレクトリック(GE)が提案する直流システムと対決します。このテスラ対エジソンの「電流戦争」と呼ばれる戦いに勝利を収めたウェスチングハウスは、多極電動交流機の開発により、現代のアメリカの電力システムの基礎を作りました。

その技術力を活かし、1921年には世界で初めて家庭用ラジオを量産し、1933年にはニューヨークのロックフェラーセンターに世界最速のエレベーターを設置しました。1957年にはアメリカ初の商用原発(PWR=加圧水型原子炉)を稼働させます。このように、ウェスチングハウスは数多くの技術的イノベーションを起こし、電力システム、家電製品、国防関連から金融サービスまで手を広げます。そして1981年にはアメリカ最大のケーブルテレビ会社であるテレプロンプター・コーポレーションを買収し、事業を多角化させ、アメリカを代表するコングロマリット企業となりました。

「過去の亡霊」型

成功体験が強過ぎて、そこから抜け出せずに変わる決断ができない

しかし１９９０年代に入ると苦境が待ち受けていました。本業が振るわず、新規事業としての不動産金融にも失敗して１９９１年だけで11億ドルもの赤字を計上するのです。ＧＥが１９８１年にＣＥＯに就任したジャック・ウェルチの手腕で大きく飛躍する一方、ウェスチングハウスは変革に大きく後れをとりました。

そこで、１９９３年にウェスチングハウスも元マッキンゼーでペプシコＣＦＯだったマイケル・ジョーダンをＣＥＯに据え、大手術に出ます。本格的に製造業から脱却し、将来性のあるメディアに賭ける、という大胆な意思決定をするのです。１９９５年にはアメリカを代表する放送局であるＣＢＳを54億ドルで買収。１９９７年には既存の製造部門を「ウェスチングハウス・エレクトリック・カンパニー（ＷＥＬＣＯ）」として別会社化し、資本関係を切り離します。ＣＢＳを買収した本体は、メディア専業となり、ウェスチングハウスの名前を消して、ＣＢＳと改称して再出発を図ります。既に１００年以上の歴史を持っていたウェスチングハウスは、１９９０年代に来てその企業の形を根底から変えたのでした。

そして、その後に歴史を騒がせていく「ウェスチングハウス」というのは、「事業に将来性なし」として切り離されたＷＥＬＣＯの方になります。

ＷＥＬＣＯは、事業ごとにバラバラにされていきました。重電などの伝統的ビジネス部門は売却され、１９９８年には発電システム部門をシーメンスに売却、そして原発部門は英国核燃料会社（ＢＮＦＬ）に「ウェスチングハウス・エレクトリック」の社名を継いで11億ドルで売り渡されます。

しかしＢＮＦＬもスキャンダルにまみれた状態であり、ウェスチングハウスの買収はＢＮ

FLにとって一発逆転を狙った危険なギャンブルでした。そして、そのギャンブルは見事失敗。2001年にアメリカを襲った同時多発テロによってアメリカで原発を運営するコストが大幅に高まるなど、原発に対する逆風はさらに強まり、ウェスチングハウスは2005年、BNFLから投げ出されるように売りに出されます。ウェスチングハウスの命運は、このように創業から100年以上の時を経て、もはや風前の灯だったのです。

どのようにして倒産に至ったのか?

## AP1000という最後の夢も東日本大震災によって儚く消える

しかし、たとえそのような状況とはいえ、原発をコア事業と定義し、BWR（沸騰水型原子炉）技術しか持たない東芝にとって、PWR（加圧水型原子炉）の技術を持つウェスチングハウスは、是非とも手に入れたい企業でした。PWRの方が過酷な事故に強いとされ、その強度が評価されて当時のPWRの世界シェアは7割を占めていたのです。

さらに、2006年といえば、経済産業省が「原子力立国計画」を発表した年。世界的な二酸化炭素削減の必要性の高まりを受け、ウランの輸入、加工、原発建設、そして運営までを日本企業が一貫して手掛けるという「オールジャパン」としての国策が背景にありました。

その「原発ルネサンス」と呼ばれた大波に何としても乗りたかった東芝は、最終的に6600億円もの大金を投じてウェスチングハウスを買収したのでした。

瀕死の状態だったウェスチングハウスは東芝からの支援を受け、AP1000という社運を賭けた新型加圧水型原子炉の開発と、アメリカへの売込みという勝負に出ます。

しかし、その矢先に起きたのが、2011年の福島原発事故でした。これにより、世界の原発建設計画はほとんどが中止または凍結されます。そしてアメリカ国内での安全基準は大幅に引き上げられ、AP1000についても1基あたりの建設コストは2000億円から1兆円レベルに膨らみました。アメリカを最大のマーケットと考えていたウェスチングハウスの計画はここで大きな壁にぶつかります。「2015年までに世界で39基を販売」という野心的な目標はこの段階でほぼ不可能になりました。

追い込まれたウェスチングハウスに新たな問題が生じます。AP1000の施設建設はCB&Iストーン&ウェブスター（S&W）とともに進めていましたが、ここで生じたコスト増大分をどちらが負担するか、ということで、係争が発生したのです。

AP1000はこの両社が裁判で揉めている限りは前進せず、赤字が膨らむ一方。まさに泣き面に蜂の状態です。しかし、追い込まれたウェスチングハウスは係争相手であるS&Wを2億3000万ドルで買収するというとんでもない賭けに出ます。既に3年近くも遅れているプロジェクトが買収によって急に進むわけでもなく、新たな安全基準の追加コストが減るわけでもありません。係争によってウェスチングハウスの財務状況が露呈することを防ぐための強引な買収以外の何物でもありませんでした。

しかし、このような時間稼ぎにも限界が訪れます。AP1000が八方塞がりとなったウェスチングハウスは、2017年3月、とうとう連邦倒産法第11章を申請したのでした。

なぜ間違えたのか?

## 自社技術への過信と、他社を寄せ付けない孤高主義の限界

このウェスチングハウスの倒産劇は、原発というコントロールのしにくい環境変化に大きく左右されるビジネスであるため、一概に語ることは難しいものがあります。もし東日本大震災が起きていなければ、そして福島第一原発での事故が防げていたら、ウェスチングハウスの運命は変わっていた可能性もあります。原発を代表とするエネルギー業界は、一発の大きな事故がその後の業界のルールを変えることがあり、常に大きなリスクを抱えた状態です。そういう意味では、今回のウェスチングハウス倒産の直接的な要因は、東日本大震災という極めて稀有なインパクトの災害がこのタイミングで起きてしまったことにあるでしょう。

しかし、一方で、震災がなければ順調だったのかと言えば、そうではなかったはずです。それは、ウェスチングハウスが抱える「技術力に対する過信」や「リスクファクターの軽視」という、この業界において致命的とも言えるマネジメントの姿勢が見え隠れするからです。

エネルギー業界というのは、絶えず自然災害の不確実性と向き合う必要があるからこそ、自身の技術力の限界を常に疑いながら、リスクに対して真摯に備える必要があります。

しかし、ウェスチングハウスのマネジメントは残念ながらそうはなっていませんでした。自社が持つＰＷＲの技術に絶対的な自信を持ち、他の意見を寄せ付けない頑なな姿勢は「ピッツバーグ・モンロー主義」と揶揄されるほどでした。その姿勢は買収後、親会社となった東芝に対しても向けられます。特に東芝はＰＷＲにおいては技術的な蓄積がなく、アメリカでの販売実績もありません。「アメリカで最初の商用原発を動かした会社」という強いプライドを持つウェスチングハウスは、東芝を格下に見て言うことを聞きませんでした。

その象徴的なことは、２０１４年にウェスチングハウスが中国企業とアライアンスを組んでトルコ原発の優先協議権を獲得した案件です。中国企業への技術の流出の可能性など、慎重になるべきイシューを含んだ意思決定であるにもかかわらず、この入札について、親会社である東芝には事前に一切知らせず、ウェスチングハウスは独自で入札を決めてしまうのです。東芝は本件の経産省からの事実確認に対して何も答えられなかったと言います。東芝側の経営関与の甘さに問題があったことは間違いないでしょうが、一方で孤高主義と言われるウェスチングハウス側の独善的な姿勢もうかがえるエピソードです。

ウェスチングハウスの倒産は、震災が大きな影響を与えたことは間違いないでしょう。しかし、仮にそれが起きなかったとしても、このリスクの高い業界で生きていく限りにおいて、この技術力に対する過信、そしてそこからくる孤高主義のマネジメント体質を抱えている限りにおいては、経営再建は難しかったと言えるのではないでしょうか。

私たち
への
メッセージ

この企業の歴史を敢えて抽象度を高めてまとめるとするならば、「技術優位性がある歴史的名門企業が、その技術力に依存し過ぎて、環境変化に対応せずに沈んでいった」と言えるでしょう。

そしてそのようなストーリーは、サイズを縮小していけば「個人レベル」でもよく見受けられる話。かつて評価されたスキルをアップデートせずに、プライドだけを肥大化させてしまい、意地を張り、ごまかし続けて、最後にキャリアを失敗してしまう。そんな人のストーリーは、いくつか身近な事例として思い出せるはずです。

この名門企業の倒産事例から、そのようなキャリアの陥りがちな罠についても思いを馳せることができるのではないでしょうか。

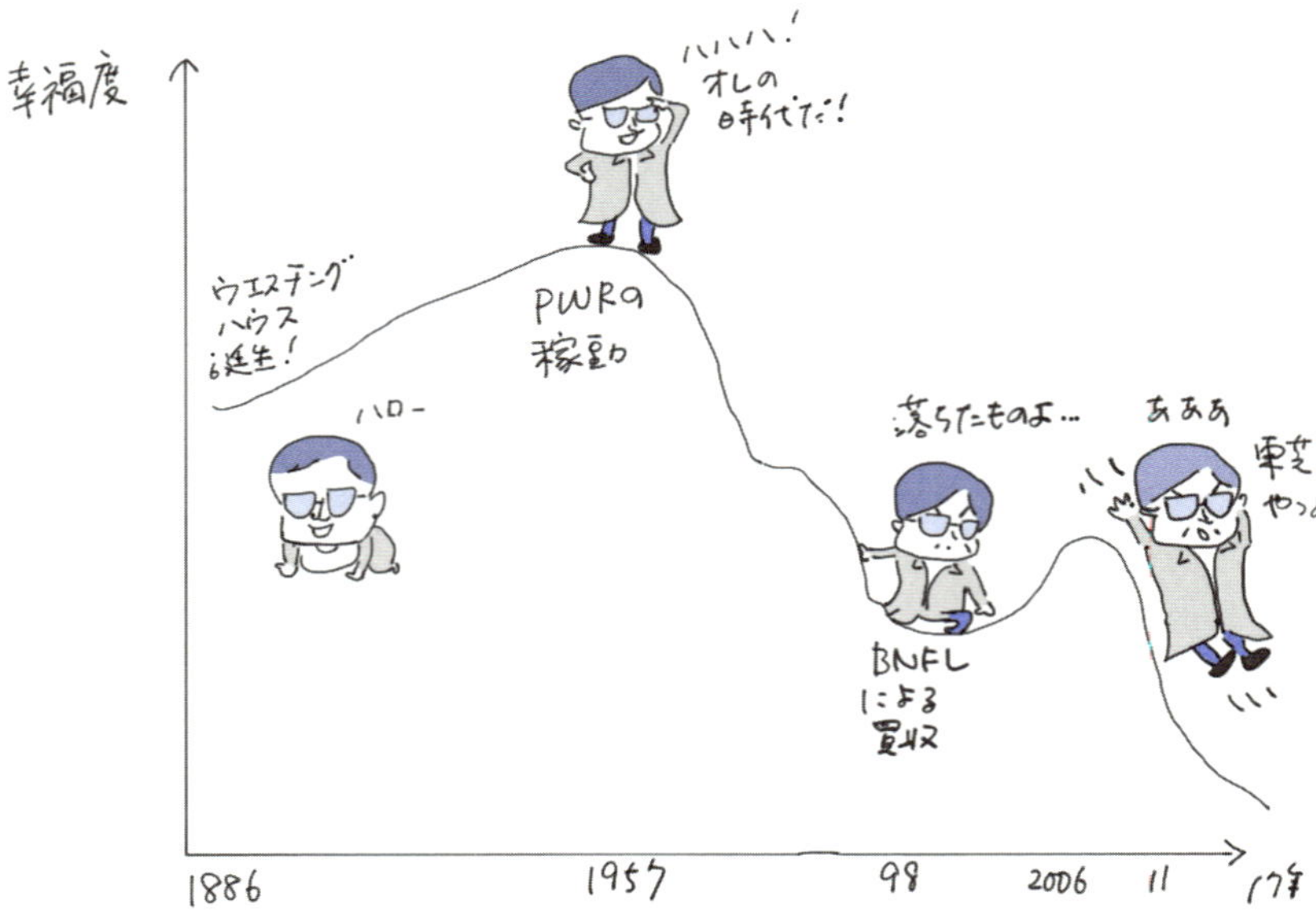


## 「ウェスチングハウス倒産に学ぶ3つのポイント」

**01**

自分が持つ技術だけを頑なに信じる姿勢は、不測の事態が起きた時の動きを鈍くする

**02**

全てにおいて完全なことはあり得ない。自分たちの「技術の限界」を理解しよう

**03**

自分の技術に限界がある以上、いかに「他者」とうまく協力できるかがポイントになる

| | |
|---|---|
| 企業名 | ウェスチングハウス |
| 創業年 | 1886年 |
| 倒産年 | 2017年 |
| 倒産形態 | 連邦倒産法第11章適用<br>(再建型倒産処理手続) |
| 業種・主要業務 | 製造業 |
| 負債総額 | 98億1100万ドル |
| 売上高 | 約5000億円<br>(2015年) |
| 倒産時の従業員数 | 約1万2000人 |
| 本社所在地 | アメリカ<br>ペンシルバニア州バトラー郡クランベリー・タウンシップ |

参照:
『東芝 原子力敗戦』大西康之 文春e-book
『東芝大裏面史』FACTA編集部 文藝春秋
『テヘランからきた男』児玉博 小学館
『The Failure of Westinghouse』by Micheal H. Moffett, William E. Youngdahl
Thunderbird School of Gloval Management

# 事業意欲が 先行し過ぎて倒産

戦略上の問題

「脆弱シナリオ」型

脆弱なシナリオに依存して、何かがあったら終わってしまう

## 鈴木商店

どういう
会社
だったのか?

# ローカルな貿易企業が三井・三菱と天下を三分する大商社に

鈴木商店は1874年、海外の砂糖の輸入を行う「洋糖引取商」として、神戸で発足しました。当時国内にあった「和糖」と比較して、輸入品である「洋糖」は品質も高く安価な調達が可能でした。そういう意味で、製品としての優位性はあったのですが、決して簡単なビジネスではありません。商習慣の異なる外国人相手の取引であったことや、取引に使う銀の相場の変動が大きく影響するため、極めてリスキーなビジネスだったのです。

そして、そのリスクを果敢に取って成長してきたのが、鈴木岩治郎氏率いる鈴木商店でした。岩治郎氏は、1867年に開港した神戸港を背景に成長したベンチャーを代表する存在となったのです。

しかし、1894年、彼のまさかの急逝により鈴木商店は危機を迎えます。岩次郎氏の個人商店であったため、廃業という可能性もありました。

しかし、妻のよね氏が店主を引き継ぐこととなり、そこから鈴木商店の第二幕がスタートしたのです。彼女は才覚を現しつつあった金子直吉氏を番頭に抜擢します。結果的には、その人事施策が鈴木商店を大きく飛躍させることになりました。

どのようにして
倒産に
至ったのか？

# 第一次世界大戦の終了から関東大震災の影響をもろに受ける

金子氏は失敗を繰り返しながらも、台湾が日本領土になったことを機に、台湾産の樟脳油の販売権を取得して商売の機会を拡大させることに成功します。台湾開発という国策の大きな波に乗り、有力な政治家や官僚、銀行との結びつきを強め、樟脳のみならず薄荷や製糖、製鋼など、工業化を進める日本に必要な物資を中心にどんどん多角化を進めていきました。やがて鈴木商店は海運業を自ら行うようになり、海外支店を設け、三国間貿易を開始します。もはや単なる神戸の一貿易商ではなく、日本を代表する総合商社の地盤を築きつつありました。

そんな時に起きたのが、第一次世界大戦（1914年）です。金子氏は海外派遣員からの情報を踏まえて、「全ての商品船舶一斉買い出動」という大方策を決定しました。情報網がない競合企業からしてみれば、「気でも狂ったか」という意思決定でしたが、これが大いに当たり、全ての商材が暴騰。1917年、鈴木商店は貿易年商15億円に達し、年商約11億円の三井物産を追い抜くことになります。「三井三菱を圧倒するか、彼等と並んで天下を三分するか」という「天下三分の宣誓書」が出たのは、まさにこのタイミングでした。

鈴木商店はこのような形で急激に成長してきたことも相まって、「買い占めの鈴木」というイメージが定着していました。大戦景気は数多くの成金を輩出しましたが、結果として貧富の差を拡大し、民衆の不満を蓄積しました。そこにきて、米価高騰が起きたことが、その矛先を「世界的大商社」となった鈴木商店に向かわせました。かの「鈴木商店焼き討ち事件」(1918年)です。

そして、同年に終結した第一次世界大戦は、鈴木商店に少なからぬ影響を与えました。工業製品や船舶運賃が軒並み暴落したのです。そこに深刻な一撃を加えたのは、大戦終了に伴う1922年のワシントン海軍軍縮条約による軍艦建造の中止命令でした。これにより、鈴木商店傘下の神戸製鋼所、播磨造船所、鳥羽造船所などにあった残留船腹が全て不良在庫化し、これらの中核事業が一気に苦境に陥ります。後に金子氏が鈴木商店の破綻の理由はこの条約にあったと語るほどのインパクトを与えました。

さらに翌1923年、関東大震災が鈴木商店を襲いました。経済が大混乱に陥ったのは言うまでもありませんが、苦境の真っ只中にあった鈴木商店にとってこの混乱を受け止める体力はもはや残っていませんでした。資金調達先が台湾銀行しかなかった鈴木商店が、同銀行から新規融資の停止を通告された時には、もはや事業継続の道はありませんでした。

1927年、三井・三菱と並ぶ大財閥の道を歩みつつあった鈴木商店は、ここにきて事業停止・清算に至るのです。

ちなみに、鈴木商店の破綻後、傘下の企業は独立や別の財閥の傘下に入るなど、それぞれの道を歩むことになります。今や鈴木商店という名前を知る人はそれほど多くないかも知れませんが、双日、神戸製鋼所、帝人、アサヒビール、サッポロビール、三井住友海上火災保険などの日本の有名企業のルーツには鈴木商店という存在があることは記憶に留めておきたいものです。

なぜ
間違えた
のか？

## ヒト・モノ・カネのバランスを欠いた経営のリスクが顕在化

明治から大正・昭和に至る日本の変化の波に乗り、そしてその波に翻弄された鈴木商店。もしこの動乱を乗り切っていたとしたら、間違いなく財閥として「鈴木」の名前を冠した企業がたくさん存在していたでしょう。それでは何が今に残る財閥と鈴木商店の道を分けてしまったのでしょうか？

大きな理由は、「ポートフォリオ（事業構成）」、そして「ファイナンス（資金調達）」にあります。鈴木商店の事業の中核にあったのは不安定な貿易業。中核に鉱山業を持ち安定的な収益を生み出していた三井・三菱・住友とは事業構成が異なります。さらに、鈴木商店は他の財閥と異なり、グループ内に固有の銀行は存在せず、外部である台湾銀行に資金を過度に依存する不安定な資金供給の形になっていました。

加えて、当時浸透しつつあった「株式会社化」による外部資金調達という手法に対しても、「鈴木商店外の人間を意思決定に関与させたくない」という思いから、あくまでも「金子ワンマンの合名会社」というガバナンス体制を貫きます。つまり、資金調達源は台湾銀行に過度に依存せざるを得ない極めて不安定な状態にあったわけです。

しかし、金子氏は根っからの商人。事業機会を見出すことに対しては天才的な才覚を持ち、旺盛な事業意欲を欠くことはありませんでした。資金は二の次で、多くの事業機会を追求していきます。外側から見れば、「いつでもユニークで新しい事業が興るイノベーター」、しかし一皮むけば「いつでもキャッシュがギリギリで自転車操業」という状態だったのかも知れません。

このタイミングでの大戦終了の影響や関東大震災というのは、鈴木商店にとって不幸以外の何物でもありませんが、これらのイベントはあくまでもトリガーであり、本質的な問題はこのファイナンスのあり方やポートフォリオの組み方にあったのです。この仕組みを変えない限りは、いずれにせよ苦境は避けられなかったことなのかも知れません。

私たち
への
メッセージ

この鈴木商店の倒産からのメッセージは、経営の普遍的なセオリーの重要性だと考えます。

経営においては、「ヒト・モノ・カネ」のリテラシーが重要であると言われています。この鈴木商店の事例は、「モノ」(ビジネス)に関する才覚はあったものの、「ヒト」のマネジメント(金子氏のワンマン経営に依存せざるを得なかった組織体制)や「カネ」の調達においてバランスを欠いていたモデルケースなのかも知れません。特に「カネ」の調達において、銀行借り入れに固執し、株式調達という手段に踏み切ることができず、それが倒産への道を早めたかも知れない、ということは今日の私たちに示唆を与えてくれます。

今日、「カネ」の調達手段は新たなファイナンススキームの開発に加えて、クリプトカレンシー(暗号通貨)やクラウドファンディングなども含めて、日々新たな手法が進化していっています。そういうことにアンテナを立てながら、既存の調達方法に過度に固執することなく、その時に最適な手段を考えるべき、ということなのかも知れません。

もはやクラシック過ぎる事例ではありますが、「ヒト・モノ・カネ」にバランスよくアンテナを立てるべき、という視点で見ると、未だに多くの学びを与えてくれる事例です。特に急成長中のベンチャー企業などは一度勉強してみるとよいと思います。

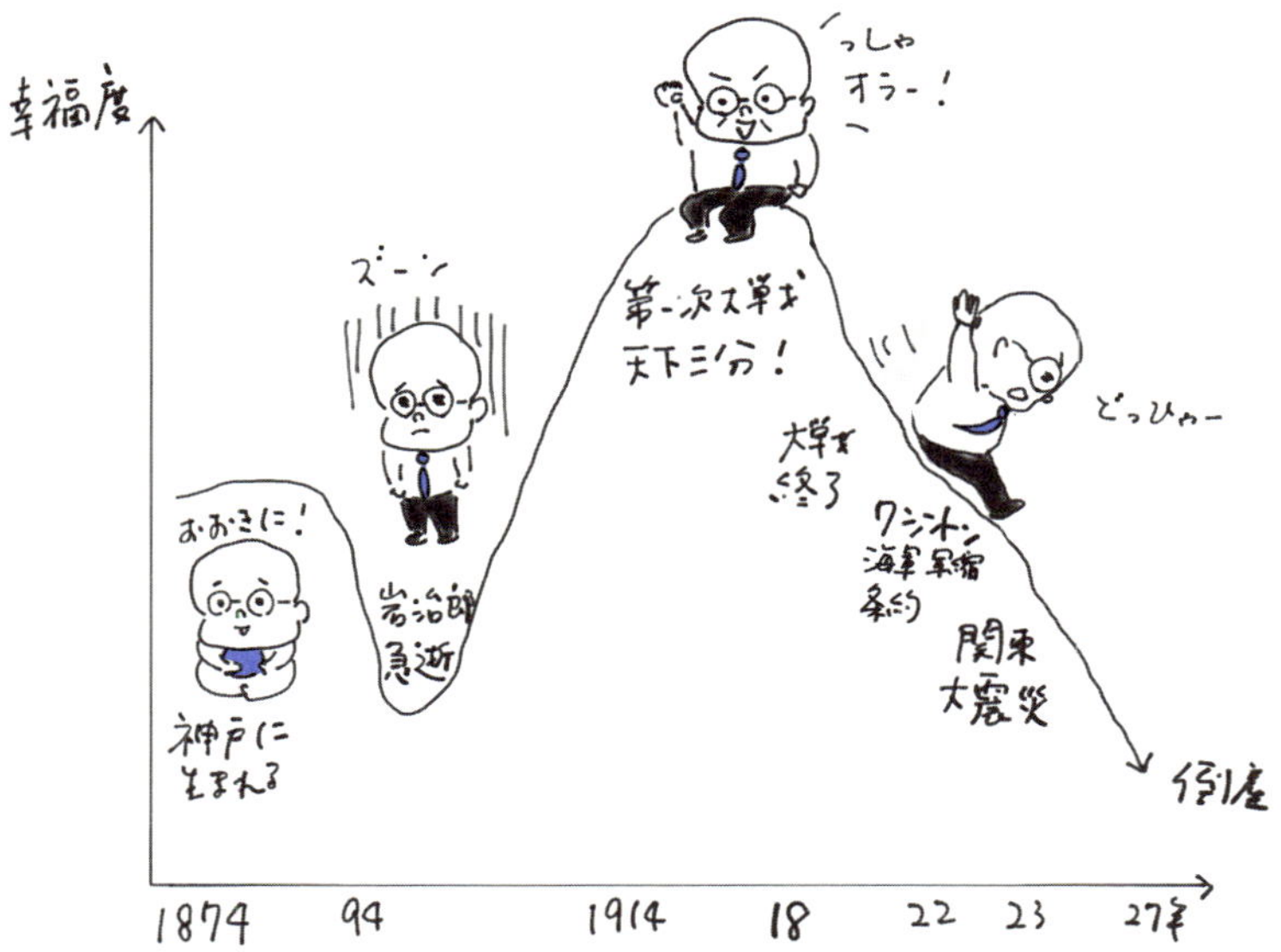


## 鈴木商店倒産に学ぶ3つのポイント

**01**

自分たちが抱える事業の中に、安定的にキャッシュを生み出すビジネスが存在するか確認しよう

**02**

もし事業構成に安定性がなければ、安定的な資金調達が生命線になることを認識しよう

**03**

優秀なスーパースター1人に依存している組織は永く続かない。人材のパイプラインが整っているか確認しよう

| | |
|---|---|
| 企業名 | 鈴木商店 |
| 創業年 | 1874年 |
| 倒産年 | 1927年 |
| 倒産形態 | 経営破綻<br>（営業停止） |
| 業種・主要業務 | 卸売業、小売業<br>卸売業（商社） |
| 本社所在地 | 日本<br>神戸市栄町通 |

参照：
『幻の総合商社 鈴木商店』桂芳男 現代教養文庫 社会思想社
『お家さん』玉岡かおる 新潮文庫
鈴木商店の歴史 http://www.suzukishoten-museum.com/footstep/history/

「脆弱シナリオ」型

脆弱なシナリオに依存して、何かがあったら終わってしまう

Encyclopedia of Global Bankruptcy Company No. 010

# 不正取引にとどめを刺されて倒産

戦略上の問題

「脆弱シナリオ」型

脆弱なシナリオに依存して、何かがあったら終わってしまう

## ベアリングス銀行

どういう
会社
だったのか？

# イギリスの産業革命以降の歴史を支えた伝統ある「女王陛下の銀行」

ベアリングス銀行の歴史は、１７６２年まで遡ります。イギリスにおけるドイツの移民の息子として、貿易を生業としていたフランシス・ベアリングは、貿易商人同士の資金の支払い方法にビジネスチャンスを見出します。フランシスは、「手形引受」という金融手法を商人たちに提供し、飛躍につなげることに成功しました。この業態は、やがてマーチャント・バンクと呼ばれるようになり、ベアリングス銀行は初のマーチャント・バンクとして知られるようになりました。

そして、フランシスは、18世紀後半に興った産業革命に伴う大英帝国の躍進を受け、その存在感を拡大させていきます。19世紀初頭には既にヨーロッパ一の金融機関となっていたベアリングス銀行は、その業容を国際的に拡大し、１８０３年、当時フランス領だったルイジアナをアメリカが買収する際の両国の仲介とファイナンスを担当しました。

また、フランス革命やナポレオン戦争などで必要となる「戦時公債」（戦争にかかる費用の調達）でもベアリングス銀行は暗躍し、最大の引受人として国家を相手にして存在感を発揮します。当時のフランス首相から、「ヨーロッパには6つの強国がある。イギリス、フランス、プロイセン、オーストリア、ロシア、そしてベアリング・ブラザーズだ」という表現が出るほどまでのポジションを築きました。当時からベアリングス銀行を指して、「英国王室御用達」「女王陛下の銀行」と呼ぶことがあったようですが、それはこの18世紀から19世紀にかけてベアリングス銀行がイギリスの産業発展に不可欠な存在であり、王室も含めた国民からの信頼を勝ち得ていた証でもありました。

その後、1890年に起きたアルゼンチン革命（政府に民主化を求めた反乱）の影響により巨額損失を計上したベアリングス銀行は経営危機に陥りますが、同行の破綻はイギリスの金融街「シティ」の破滅につながるという懸念から、イングランド銀行をはじめとする競合他社も救済に立ち上がり、危機を凌ぎます。その後はアメリカをはじめ、ロシアやカナダ、中国、そして日本といった国々との関係を強化し、目覚ましい回復を遂げました。

しかし、20世紀はベアリングス銀行にとって苦難の世紀になりました。2度の世界大戦を経て、徐々にイギリスの国際的な存在感は低下し、マーチャント・バンクという業態そのものの意義も薄れてきたのです。

その状況にさらなる大きな影響を与えたのが、1980年代に行われた「ビッグ・バン」と呼ばれる金融改革でした。これにより、ベアリングス銀行の苦難は深刻化していくのです。

どのようにして
倒産に
至ったのか?

# ビッグ・バンで立ち位置を失い、アジアのトレーディングで不正を放任

「ビッグ・バン」は、1986年のサッチャー政権時に行われた金融改革です。当時のシティは、典型的なイギリスの階級社会に基づいており、慣習的であり排他的でもありました。その結果、シティは世界3大市場の1つと言われていたものの、株式売買高ではニューヨークの13分の1、東京の5分の1まで落ち込み、シティの空洞化に対する危機意識が高まっていました。

そのため、ビッグ・バンでは、①売買手数料の自由化、②取引所会員権の開放、③投資家から注文を受けるブローカーと自己勘定でポジションを取るジョバーの兼業を認める、といったマーケットの自由競争を高める方向に舵を切り、それまでの古い慣習を次々と撤廃しました。このビッグ・バンは、外資系金融機関の怒涛の参入を招き、シティは再び活況を取り戻します。しかし、市場そのものは「ウィンブルドン化」とも言われ、今まで規制に守られていたイギリス国内の金融機関は苦境に立たされました。そして、ベアリングス銀行はその中の代表格だったのです。

そのベアリングス銀行が活路を見出したのは、アジア市場におけるトレーディング業務で

す。ベアリングス銀行は、日本市場で利益を上げていた敏腕トレーダー、クリストファー・ヒースに目をつけます。そして彼が率いていた15人ほどのメンバーをそのままベアリングス銀行に招き入れ、ベアリングス・ファーイースト証券（後のベアリングス証券）を設立しました。たかだか15人をリクルートする、という当時の何気ない意思決定が、ベアリングス銀行の「終わりの始まり」となります。

ベアリングス証券は、やがて日本のバブルとともにベアリングスグループ全体の半分以上にもなる巨額の利益をもたらし始めます。ベアリングス銀行はこの業績を踏まえて、アジアのトレーディング業務に大いなる可能性を見出し、注力し始めます。そしてその矢先、バブル崩壊に伴い大きな損失を喰らうのです。

日本のバブル崩壊により経営が傾きかけたベアリングス銀行にトドメを刺したのは、1989年、22歳の時にベアリングス証券に転職した1人の若手トレーダーでした。

彼の名前は、ニック・リーソン。ジャカルタでの経験を経て、1992年にシンガポールに派遣されたリーソンは、先物取引部門の事務方の責任者として赴任します。しかし、トレーダーとして現場に出ることも希望したリーソンは、フロントとバックオフィスを兼務することとなりました。トレーディング業務といっても、市場内の小さな利ざやの違いを見つけて少額の儲けを生み出す裁定取引であり、厳密にやればリスクは小さなもののはずです。

しかし、彼はその抜け穴を発見します。きっかけはスタッフの女性が起こした小さな取引上のミス。フロントとバックオフィスを兼務しているリーソンは、そのミス処理をエラーアカウント（聞き間違いや言い間違いなどのエラーを一時的に放り込んでおくために開設されているアカウント）を悪用すれば隠蔽できてしまうことに気づいてしまいます。

エラーアカウントを駆使して損失を隠蔽しながらも、利益を大きく出せるやり方を見出したリーソンは、１９９３年度にはベアリングス証券東京支店に８００万ポンドの利益をもたらしました。１９９４年にはこの彼の活躍のお陰で、ベアリングスがＳＩＭＥＸ（シンガポール国際金融取引所）において、トレーダー・オブ・ザ・イヤー賞を受賞することとなり、リーソンの評価はさらに高まるとともに、その手法は徐々にエスカレートしていきます。彼は実際にはエラーアカウントで抱えていた巨額の損失の穴埋めをすべく、先物とオプションで大きなポジションを抱えるという極めてギャンブル性の高い取引手法にのめり込んでいくのです。

そして、その露呈のきっかけとなったのは、１９９５年1月17日に日本で起きた阪神・淡路大震災でした。リーソンは、1月23日から27日までの5日間で表面的には５００万ポンドの利益を上げたことになっていましたが、実際には東証株価指数の大暴落により、実に４７００万ポンドもの損失を出してしまっていたのです。

これらの巨額損失をいつまでも隠し通せるわけはありませんでした。一部行方のわからなくなっていた資金に対して社内からの追及が始まり、もはや辻褄を合わせることができなくなったリーソンは、１９９５年2月23日、妻を連れて行方をくらまします。そして、このタイミングになってようやくベアリングス銀行は、事態の全容を把握したのでした。

逃亡から4日後の2月27日、ベアリングス銀行は、最終的な損失額が8・6億ポンドであり、自己資本である4・7億ポンドを大幅に上回る状況を明らかにし、破産を宣告されます。200年以上続いた歴史にあっけない終止符が打たれた瞬間でした。

なぜ間違えたのか？

## 失敗の本質は10年前の競争戦略の「意思決定問題」にある

一般的に、ベアリングス銀行の崩壊といえば、ニック・リーソン。ユアン・マクレガー主演で映画化されたストーリーでもあるので、彼の行った不正に対する強烈な印象を持っている人は多いのではないかと思います。

しかし、調べていくうちに、彼の起こした事件というのは、「最後の藁」とも言うべき事象であり、たとえリーソンが出現しなかったとしても、この競争環境下においてベアリングス銀行として生き残っていくのはかなり厳しかったであろうことに気づきます。

一言で言えば、ケイパビリティ（保有能力）と競争環境とのミスマッチです。ビッグ・バンによる自由競争下において、英国紳士的な保守気質を持った会社が、金融工学を駆使したアメリカ系の投資銀行に勝てる余地はほとんどありませんでした。自己資本は、投資銀行と比較して3分の1から6分の1程度しかないために、許容できるリスクは必然的に小さくならざるを得ません。加えて、リスク管理能力に長けているわけでもない。そんなベアリングス銀行が、「儲かっている」という理由だけでアジアのトレーディング業務に足を突っ込むという意思決定は、その死期を早めるだけだったのです。

この歴史ある企業の倒産劇をベースにして、1人の若手トレーダーの不正をどう防ぐことができたか、という矮小化した見方もできるでしょう。しかし、本質は、競争戦略における「市場定義の意思決定問題」です。時計の針を1980年代中盤に戻せば、いくつかの戦略オプションはあったはずです。それほど儲けの規模は大きくならないニッチ領域でのM&Aアドバイザリー業務などにシフトする可能性もあったでしょう。もしくは、トレーディング業務にシフトしながらもそのリスクを踏まえてバックオフィスのケイパビリティを徹底的に強化するやり方も可能性はあったかも知れません。

しかし、ベアリングス銀行はその重要なタイミングで、「儲けている個人(ヒースやリーソン)に依存する」という形で、流されるままに進んでしまったのです。厳しい見方をすれば、重要なタイミングでの戦略意思決定の放棄と言えなくもありません。そう考えると、このリーソンの不正は、1980年代中盤の意思決定が、10年の時間差を置いてセンセーショナルなしっぺ返しで戻ってきた、ということも言えるのです。

競争環境下では「土俵の選択の意思決定」が全てを決めるといっても過言ではありません。このベアリングス銀行のケースは、その重要性をリマインドしてくれるのです。

私たち
への
メッセージ

この話は、キャリアにおいても同じことが言えるでしょう。大事なタイミングでは、自分の居場所をしっかり決めなくてはなりません。深く自分の特性を考えずに、単に「昔からこうだったから」とか「こっちの方が魅力的に見えたから」という理由だけで流されてしまうと、その先に大いなるしっぺ返しが待ち受けている可能性があります。

現在のキャリアオプションは、企業の戦略オプションと同様に、常に「過去の土俵選択の意思決定」に縛られているのです。

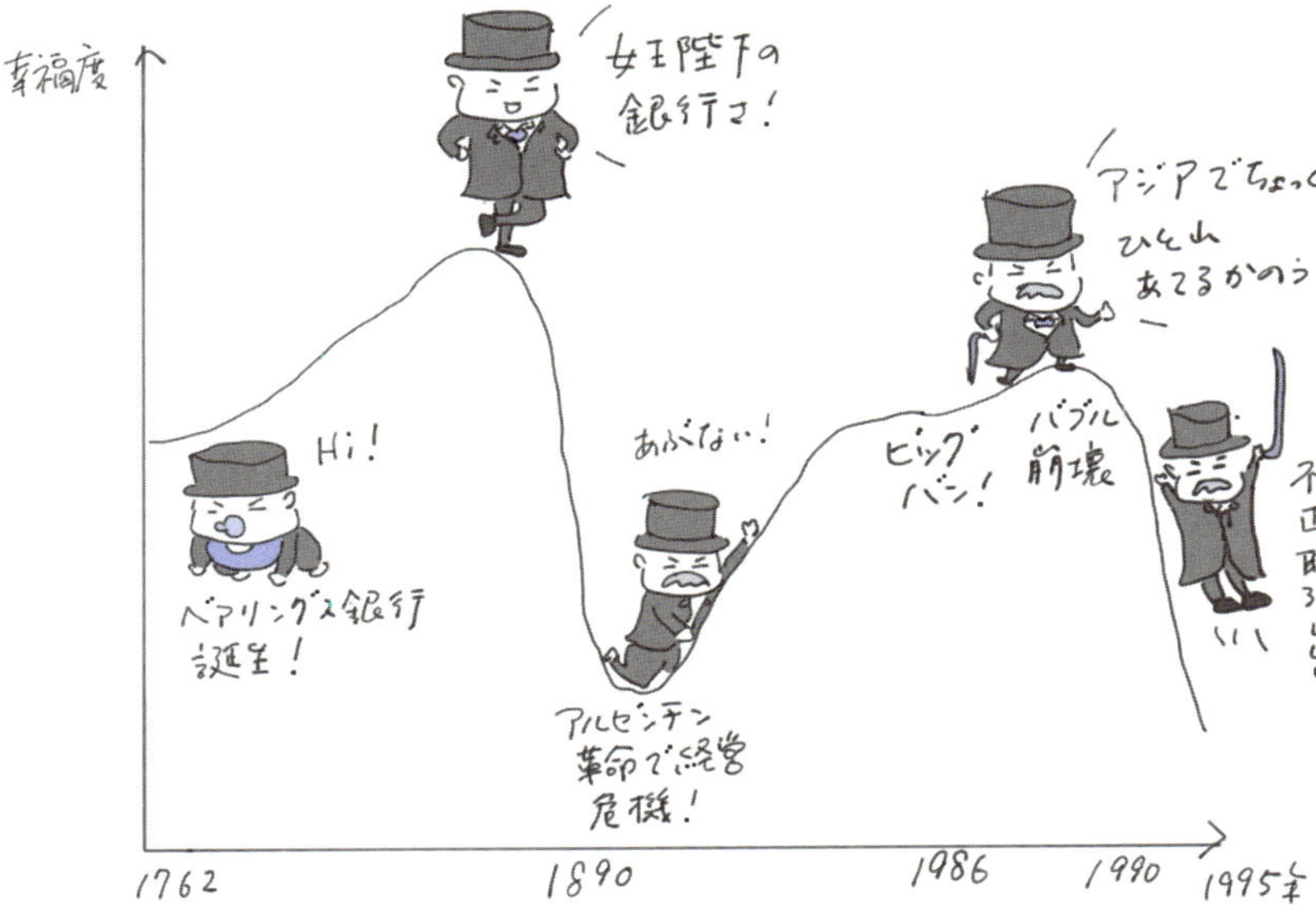


## ベアリングス銀行倒産に学ぶ3つのポイント

**01**

自分が戦う土俵をどこに定義するのか、その意思決定が全てを決める

**02**

その意思決定の際、安易に「今儲かっているから」という理由で選ぶべきではない

**03**

外部の環境変化と内部の能力を踏まえて、冷静に土俵を定義しよう

| | |
|---|---|
| 企業名 | ベアリングス銀行 |
| 創業年 | 1762年 |
| 倒産年 | 1995年 |
| 倒産形態 | 経営破綻<br>（営業停止） |
| 業種・主要業務 | 銀行業 |
| 負債総額 | 8億5000万ポンド |
| 倒産時の従業員数 | 1200名 |
| 本社所在地 | イギリス<br>ロンドン |

参照：
『ベアリングズ崩壊の真実』スティーブン・フェイ 時事通信社
『私がベアリングズ銀行をつぶした』ニック・リーソン 新潮社

「脆弱シナリオ」型

脆弱なシナリオに依存して、何かがあったら終わってしまう

Encyclopedia of Global Bankruptcy Company No. 011

# 「不正のトライアングル」に陥り倒産

戦略上の問題

「脆弱シナリオ」型

脆弱なシナリオに依存して、何かがあったら終わってしまう

## エンロン

どういう
会社
だったのか?

# ニューエコノミーを象徴する自由化時代の寵児

エンロンは1985年、ガスパイプライン企業であるインターノースが、競合他社であるヒューストン・ナチュラル・ガスを買収したことによりスタートしました。合併により、「アメリカ最大のガスパイプラインを保有する企業」となりましたが、設立当時はテキサス州周辺の中小ガス生産業者から天然ガスを買い上げ、それをパイプラインで輸送するという、地味なガスパイプライン会社でした。

しかし、野心家のケネス・レイCEOは、レーガン政権の規制緩和（州をまたいだガス輸送の自由化、ガス価格の自由化、そしてガス輸送業者による小売事業解禁など）の流れを背景に、エンロンの事業を拡大させていきました。

具体的には、1989年に「ガス・バンク」事業を本格的にスタートさせます。デリバティブの手法などを活用しながら、顧客に安定的な価格で天然ガスを提供できる仕組みを組成したのです。無駄が多い旧態依然とした企業が支配するオールドエコノミーに対して、金融工学を活用して新たな「自由市場」を創り、消費者にメリットをもたらす……。こうした「ニューエコノミー」のストーリーは、当時のアメリカではとても受けました。まさに自由化を推進するアメリカを象徴する企業として、エンロン、そしてCEOであるケネス・レイは時代の寵児となりました。

では、エンロンは「ガス・バンク」の仕組みをどのように組み立てたのでしょうか。マーケットを作るためには、まずはガスを安定的かつ一定価格で供給してくれる生産者がいなければ成立しません。エンロンは、当時多くのガス生産業者が、ガス価格の低迷と銀行の融資引き締めにより苦境に陥っていたことに目をつけます。そこで、エンロンはガス生産業者に対して前渡金を支払うこととし、それにより一定期間、固定価格でガスを買い付ける権利（そしてガス生産者が倒産した場合はガス鉱区の所有権を獲得できる権利）を取得しました。この契約手法により、「ガス・バンク」にガスを潤沢に仕入れることが可能になったわけです。

しかし、当然ながらこのやり方には課題があります。それは巨額の前払金の負担が発生する、ということです。エンロン本体で資金調達すれば、格付けによって高い金利の支払いが必要になって財務を圧迫してしまいます。それがまたエンロンの格付けを悪化させかねません。そこでエンロンはオフバランス、つまり外部にSPE（＝特別目的事業体）を組成し、SPEそのものが高い格付けを得られるように整え、低金利の資金調達を実現したのです。

これら金融工学と契約手法を組み合わせた仕組みは、ガス以外にも活用できました。それはガスに続いて自由化が始まっていた「電力」や「水道」でした。電力はガスの4〜5倍のマーケット規模の可能性があり、電力とガスのクロス・コモディティ取引は巨大な利益をもたらす可能性がありました。

このようにガスで築いた仕組みをポテンシャルのある市場に横展開することにより、エンロンは当初の単なるガスパイプライン会社から大きく飛躍を遂げ、全米が注目する急成長企業になったのです。

どのようにして倒産に至ったのか?

## ドミノが1枚倒れてから一気のスピード倒産

エンロンを一躍、成長企業に押し上げたSPEの手法ですが、この仕組みがやがてエンロンを蝕んでいきます。この仕組みそのものは一般的であり違法ではありません。しかし、のちにエンロンが抱えるSPEは3500まで増殖し、この実態を理解できる人はこのスキームを考えた当時のスキリングCEOとファスタウCFO以外にはほとんどいなかったと言われています。しかし、ここには大きな時限爆弾ともいうべきリスクが潜んでいました。

それは、

① エンロンの格付けや株価が一定以上の基準を下回ると、外部化したはずのSPEのリスクをエンロン本体が一括償還するという条件が全てに組み込まれていたこと

② SPEを隠れ蓑にして、損失隠し(飛ばし)や幹部陣が私腹を肥やすための不正を働いていたこと

です。

③ SPEが別のSPEに投資をするという形式を取っていたこと

つまり、不正が発覚するか、株価が低下したら、ドミノ倒し的にSPEの破綻が連鎖して、エンロン本体の経営がアウトになる、という仕組みだったのです。そのためにエンロンは、株価は何としてでも死守しなくてはなりません。この契約を認識していた経営陣は、株価に敏感であり、企業を常に大きく見せる必要性を感じていました。「ガス・バンク」などのマーケットビジネスは、本質的には薄利なビジネスです。しかし、様々な会計手法の解釈や複雑な金融工学の組み合わせによって、実際の薄利を感じさせない決算を打ち出し続けました。

しかし、そんな無理は長く続きません。きっかけは2001年4月の財務諸表に疑問を持ったアナリストからの質問に対するスキリングの応対でした。内容を開示できないためにまともな回答をしなかったスキリングに対して、危うさを察知したヘッジファンドからのカラ売りが相次いだのです。そこから株価は一気に急降下し、その過程で幹部陣の不正も明らかになりました。ついに最初のドミノが倒れてしまったのです。

そこからは長くはかかりませんでした。疑問を持たれてから1年も経たない2001年12月にエンロンは連邦倒産法第11章の申請をすることとなります。エンロンはフォーチュン誌によって「全米で最も革新的な企業」に6年連続で選出されましたが、その栄光からわずか一瞬の出来事。誰もが予想できないスピードでの倒産でした。

なぜ
間違えた
のか？

# 暴走の「1歩目のダッシュ」生む「不正のトライアングル」の典型

私たちは、この手の事件をよく「特定の経営陣の暴走」といった言葉で認識し、片付けようとします。確かに結果から見れば暴走以外の何物でもないのですが、暴走に至るまでには「1歩目のダッシュ」を生む構造が必ずあります。ではなぜこのような1歩目のダッシュが発生したのでしょうか。

後日談を紐解いてみると、まずこの裏側には、結果に対する強烈なプレッシャーが存在したことがわかります。エンロンの人事制度には「ランク・アンド・ヤンク」という言葉で表される評価制度がありました。半年に1回の評価があるのですが、その評価で5段階のうち最低ランクに位置付けられた人（下位15％）は、追放されるという仕組みです。ここから生まれてくる強烈な成果に対する圧力は、一般の従業員のみならず、経営陣にとっても大きな影響を与えました。

一連の不正を仕組んだ張本人と言われるファスタウCFOは、スキリングCEOからクビにされるという焦りを常に感じていたと言われます。こうした「焦りを発生させる構造」に、「甘い管理・監査体制」、そしてそこに「自由化を推進する先進企業」という大義が加わった結果、ファスタウをはじめとした一部の社員の1歩目のダッシュが始まったわけです。

実は、この構造は、アメリカの犯罪学者であるD・R・クレッシーが「不正のトライアングル」として理論化しています。つまり、

① 不正をやろうと思えばできてしまうという「機会」が存在すること
② 不正をすれば現状の問題解決につながるという「動機」があること
③ 不正を悪いことだと考えない「正当化」すべき理由が存在すること

という3つが揃った時、不正が起きるということです。

そして、この3つの条件は、まさにエンロンの経営の中に見事にビルトインされていたことが理解できるでしょう。こういった危機的な事態になるのは、遅かれ早かれ必然だったわけです。

このエンロン事件を機に、会計事務所からの監査体制も含めたガバナンスのあり方の見直しや、倫理教育の改訂などが進みました。これは、「不正のトライアングル」を発生させないような仕組みをつくるべきという社会的要請が背景にあったのです。

私たち
へのメッセージ

エンロンのようなサイズの大きな不正は滅多に起こることはありませんが、一方で「小さな不正」はいつでも身の周りで起き得ることでしょう。そういった不正を起こさせないため、もしくは自分自身が当事者にならないために、周囲に存在する「機会」「動機」「正当化」の芽を摘んでおくことは大切なことでしょう。

人間は決して強い存在ではありません。追い込まれれば誰でも一線を越えてしまう存在。この事例は、弱い人間に対して、一線を越えさせない仕組みづくりの大切さを教えてくれるものでもあるのです。

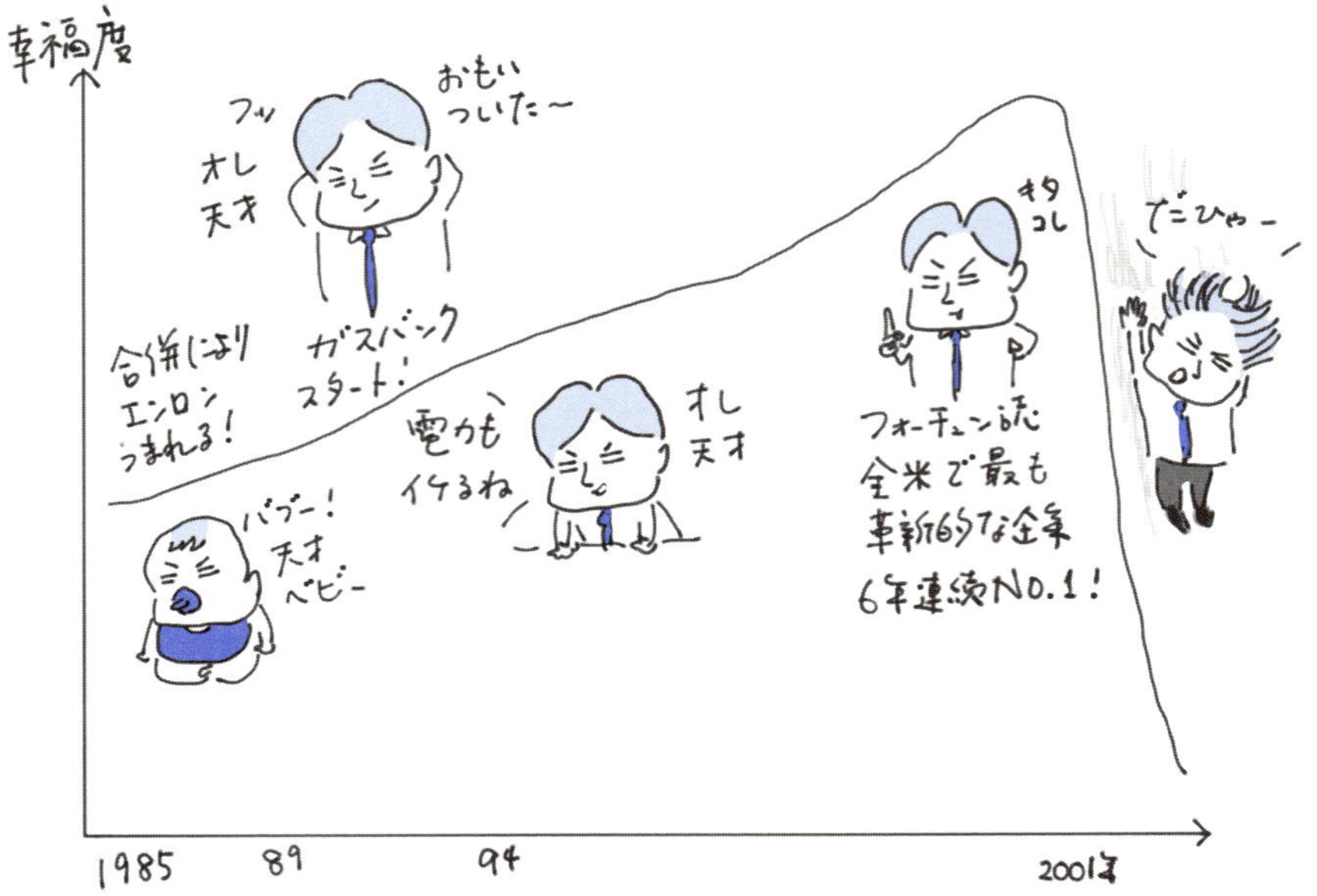


## エンロン倒産に学ぶ 3つのポイント

**01**

人間は弱いもの、と考え、不正が起きる「機会」をなくす努力をしよう

**02**

不正が起きる背景には、「動機」が存在する。過度なプレッシャーがないか、確認しよう

**03**

悪いことを無理やり「正当化」するロジックが横行していないか、考えてみよう

| | |
|---|---|
| 企業名 | エンロン |
| 創業年 | 1985年 |
| 倒産年 | 2001年 |
| 倒産形態 | 連邦倒産法第11章適用<br>（再建型倒産処理手続） |
| 業種・主要業務 | 総合エネルギー取引ITビジネス事業 |
| 負債総額 | 約400億ドル |
| 倒産時の売上高 | 1010億ドル<br>（2000年） |
| 倒産時の従業員数 | 約2万2000名<br>（2000年） |
| 本社所在地 | アメリカ<br>テキサス州ヒューストン |

参照：
『エンロン崩壊の真実』Peter C. Fusaro/ Ross M. Miller 税務経理協会
『虚栄の黒船　小説エンロン』黒木亮 プレジデント社

# 自転車操業の果てに倒産

戦略上の問題

「脆弱シナリオ」型
脆弱なシナリオに依存して、何かがあったら終わってしまう

## ワールドコム

どういう
会社
だったのか？

# ニューエコノミーの波に乗ってつかんだアメリカン・ドリーム

ワールドコムの創業者であるバーナード・エバースのキャリアは、高校卒業後、牛乳配達からスタートします。その後、高校でのバスケットボールのコーチを経て、モーテルの経営をする、といった職歴を経ました。そして、１９８３年、とうとう彼の人生に転機が訪れます。独占禁止法違反によりＡＴ＆Ｔが8社に分割され、通信事業が規制緩和されるという方向性にビジネスチャンスを見出したエバースは、友人とともにワールドコムの前身となるＬＤＤＳ（Long Distance Discount Service）コミュニケーションズを起業したのです。

エバースの目論見は当たり、規制緩和を背景にビジネスは大きく成長します。１９９３年にはメトロメディアを買収して準大手の長距離国際電話会社となり、翌１９９４年には国際通信会社であるＩＤＢワールドコムを買収して社名をワールドコムに改めます。その後も買収の手を緩めることなく、合計70社以上の買収を行い会社を拡大させました。

１９９０年代後半には同社の飛躍につながる買収を2件行います。1つは１９９７年のＵＵＮＥＴ Ｔｅｃｈｎｏｌｏｇｉｅｓ。大手インターネットサービスプロバイダーであり、マイクロソフトと提携してその名を広めた有名企業です。

そしてもう1件が、１９９８年に買収したＭＣＩコミュニケーションズです。イギリスのブリティッシュ・テレコムと合併を決定していた大手通信会社のMCIコミュニケーションズでしたが、それを上回る金額を提示し、横槍を入れる形で買収しました。当時MCIは、ワールドコムの3倍の規模。この「小が大を飲む」買収によって年商300億ドル、一気にAT&Tに次ぐ巨大通信企業にのしあがったのです。

牛乳配達から巨大通信企業の創業者へ。まるで映画のようなアメリカン・ドリームのストーリーでした。

さて、ワールドコムの成長の原動力となった積極的な買収の背景を理解するためには、当時のアメリカにおいて盛んに語られていた「ニューエコノミー論」を知る必要があります。

ニューエコノミーとは、ものづくりをベースにしたメーカー主導型の経済から、IT主導へと転換していくだろうという見込みです。メーカーはどれだけ生産性を高めても限界が来ますが、IT業界は青天井の成長が期待できます。当時不調だったGMなどかつてのアメリカを代表するメーカーの後退と、一方でWindows95に代表されるIT企業の飛躍を背景に、「アメリカの今後の経済は、ITによって永続的に成長するはずだ!」という楽観的な予測がまかり通っていました。

エバースは当時、「将来の情報通信量の増加率は100日ごとに2倍になる」と語っており、そんなコメントが1998年にアメリカ商務省が発表したレポート「イマージング・デジタル・エコノミー」に掲載されてしまうくらい、ITの可能性が信じられていた世の中だったのです。

そんな時代の楽観論に支えられ、利益が出ていないＩＴ企業にも大きな資金が流れ込み、高株価の企業を生み出しました。世に言うドットコムバブルです。ワールドコムは、投資家に対して企業の将来性を魅力的に語ることにより、魅力的なＩＴ企業の代表として、このトレンドの恩恵に真っ先にあずかりました。１９９０年代以降、エバースの才能とニューエコノミーの時代背景が、企業の実態とかけ離れたワールドコムの虚像を作り上げていったのです。

どのようにして
倒産に
至ったのか?

## 株価低迷にあえぐ中、粉飾決算がとどめとなり倒産

しかし、バブルはいつか崩壊します。

ワールドコムは光ファイバーを敷設するための設備投資を全世界レベルで行いますが、多くの企業がこのバブルに乗り遅れまいとして設備投資合戦に入りました。アメリカ政府の統計によれば、１９９６年から２０００年までの5年間で、アメリカの通信業界は４０００億ドルもの設備投資を行い、その大半が光ファイバーに向けられたといいます。結果的には全米で必要な容量の20倍もの投資でした。そして、２０００年9月、「インテル・ショック」を

契機にバブルは崩壊します。

さらに、そのタイミングと重なるように、ワールドコムにとって大きな逆風が吹きます。スプリントとの合併の白紙撤回です。当時2位だったワールドコムは3位のスプリントと合併し、年商500億ドルの2位・3位連合企業となる目論見を発表していましたが、アメリカ司法省から独禁法違反の疑いがあるとされ、2000年7月に合併を白紙撤回する事態に追い込まれてしまったのです。このバブル崩壊と大型M&Aの撤回が重なり、同社の株価は大きく下落を続けます。

CFOであるスコット・サリバンが粉飾に手を染めたのはこの頃でした。利益を多く見せ、少しでも株価を維持するために、本来は費用として計上すべき回線設備料を資産計上する、というシンプルな会計操作を行ってしまったのです。そして、内部監査によって、ワールドコムは2001年から2002年第1四半期までの5期連続で、合計38億ドル以上の収益水増しをしていたことが明らかになりました。2002年6月、ついにワールドコムはこの事実を公表します。

この粉飾が、もはや死に体となっていたワールドコムにとってとどめを刺す形となり、翌7月、同社は連邦倒産法第11章を申請したのです。

なぜ間違えたのか?

# 問題の本質は不正会計ではなく株価に依存せざるを得ない戦略に

ワールドコムを語る際、「不正会計」に着目されがちですが、このストーリーでもあるように、ワールドコムの不正会計は倒産に至る「最後のきっかけ」に過ぎません。本質は、不正会計の前段にある経営戦略にあります。

ワールドコムのビジネスとは一体何だったのでしょうか? それは、インフラを押さえつつ、ユーザーを押さえる、というシンプルな戦い方です。「100日で倍増する」と言われていた通信量の需要拡大スピードに追いつくように、手っ取り早く既存の通信ネットワークを他よりも速く買収してインフラを整えていく。一方で顧客ベースを持っているプレイヤーに対しても買収を仕掛けて、ユーザーを獲得していくというものです。

ではなぜワールドコムだけがこの戦いを支配し、競合は追いつけなかったのか。それは、買収に必要な莫大なキャッシュの連続的な確保です。当時、実際には「100日で倍」のようなスピードでトラフィックは増えておらず、収益を生む状態にはまだ程遠い状況でした。したがって、買収のためのキャッシュは、顧客からの売上からではなく、別のところから持ってこなくてはなりません。これが競合にはできませんでした。

では、なぜワールドコムはこのような「回収見込みの不透明な先行投資ゲーム」を実行できたのでしょうか。そこに「株価」というキーワードが浮かび上がってきます。つまり、何かをきっかけにワールドコムの株価を高めることができれば、株式交換によって割安で企業を買うことができる。そしてその買収結果への期待によってさらに株価を高めることで、また新しい買収ができる。その連続により、やがてはインフラと顧客の面を押さえることができる、というシナリオです。

言ってしまえば壮大な自転車操業。ワールドコムは「株価向上」というペダルを漕ぎ続けなくてはなりませんし、そのペダルが止まった瞬間にこの自転車は倒れる、というものです。当然エバースはこの仕組みをわかっていたからこそ、ワールドコムの実態を大きく見せることに常に注力しました。そして、その注力はやがて一線を越えた不正会計を生み出すことにもなっていくのです。

株価とは、言うまでもなく、外部環境の変化にも影響を受けるアンコントローラブルなもの。自転車ではとても登りきれない場面も出てくるのです。そんな脆弱な仕組みに自分たちの運命を依存してしまったことに、ワールドコムの本質的な誤りがあったと言えるのではないでしょうか。

**私たちへのメッセージ**

私たちは、この手のストーリーを、後日談的に振り返り、「バブル」という一言で片付けようとします。事実としてバブルであったのは間違いありませんが、自分が当事者だったら身の丈以上に評価が高まる中でどう振る舞うことができたか、少し解像度を高めて考えてみるべきでしょう。例えば、当時飛ぶ鳥を落とす勢いだった1990年代後半にワールドコムに経営陣の1人としてヘッドハントされていたら……？

会社の評価が実態と乖離して「バブル状態」に陥っていることに気づく機会はたくさんあるでしょう。しかし、実態に合わせようとすれば、株価は暴落し、株主や社員など多くの人を混乱に突き落とすことになります。一旦この虚像のサイクルに入ってしまえば後から抜け出すことは至難の業。だからこそ、バブルというものはちょうど良い加減でしぼむことなく、「不正会計の露呈からの倒産」というような悲劇的な結末を迎えてしまうのです。

この手の歴史は必ず繰り返します。今の私たちにできることは、こうした過去の事例を「粗い言葉」で片付けることなく、当事者の立場で深く考えてみることではないでしょうか。

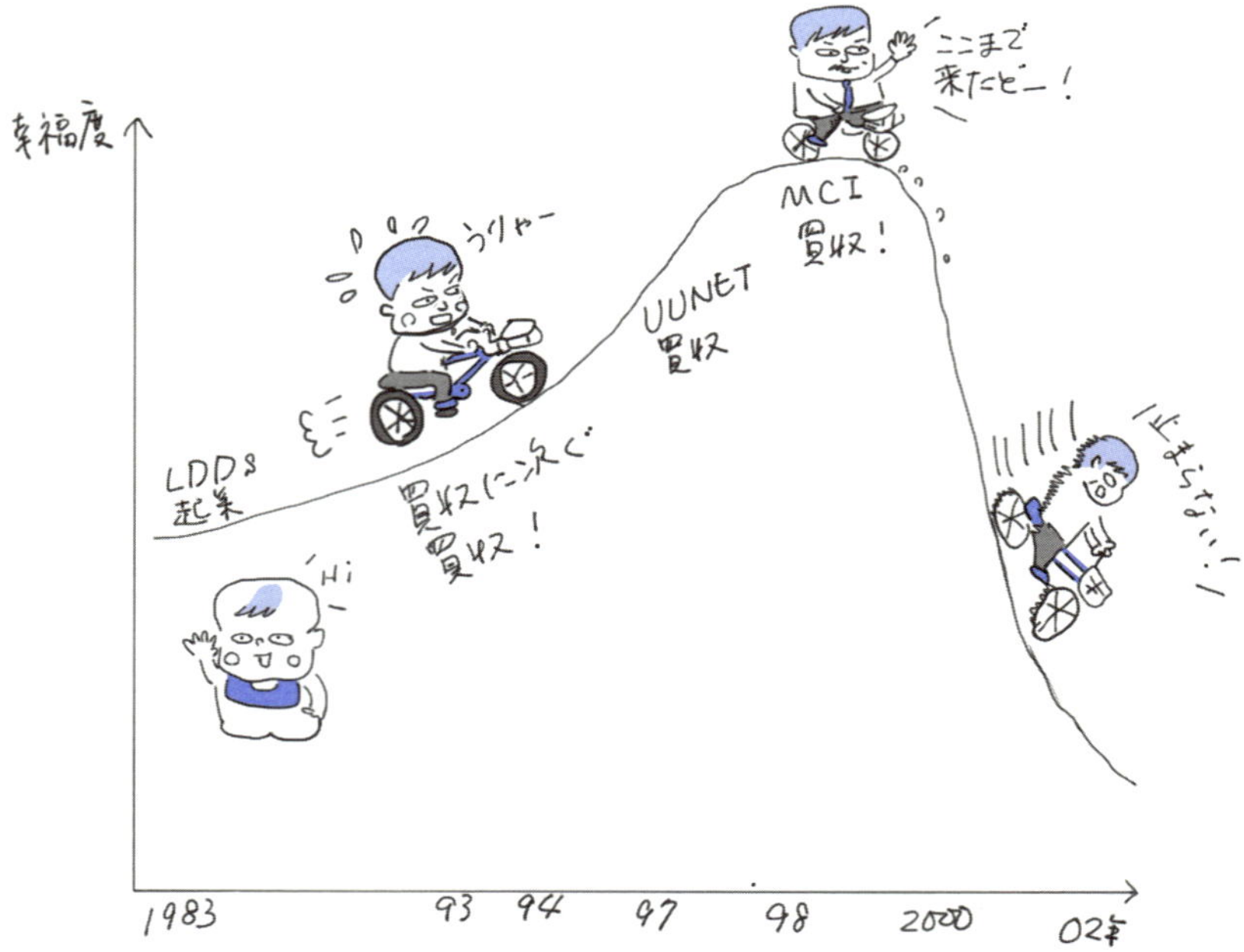


## ワールドコム倒産に学ぶ 3つのポイント

**01**

自分たちの経営はアンコントローラブルな外部要因に依存していないか確認しよう

**02**

そのアンコントローラブルなものに対して無理にコントロールを効かせようとしていないかを振り返ろう

**03**

自分が今のビジネスで「バブル」の気配に気づいた場合、どうやって抜け出すことができるかを考えてみよう

| | |
|---|---|
| 企業名 | ワールドコム |
| 創業年 | 1983年 |
| 倒産年 | 2002年 |
| 倒産形態 | 連邦倒産法第11章適用<br>（再建型倒産処理手続） |
| 業種・主要業務 | 通信業 |
| 負債総額 | 410億ドル |
| 本社所在地 | アメリカ<br>ミシシッピ州 |

参照：
『アメリカ経営の罠』東谷暁 日刊工業新聞社B＆Tブックス
『アメリカがおかしくなっている』大島春行・矢島敦視 NHK出版
『エンロン ワールドコム ショック』みずほ総合研究所 東洋経済新報社

Encyclopedia of Global Bankruptcy Company No. 013

# ギャンブルに勝ち続けられず倒産

戦略上の問題

「脆弱シナリオ」型

脆弱なシナリオに依存して、何かがあったら終わってしまう

## 三光汽船

どういう
会社
だったのか？

## 高度成長下、極めてトリッキーな経営手法でのしあがった異端児

三光汽船は１９３４年、当時まだ学生だった傑物・河本敏夫氏が義兄とともに設立した会社です。戦時下における日中間の貨物船の需要を見込んだ河本氏は、天津航路向けに5隻の貨物船を発注し、大きな利益を手にしました。野望高き河本氏は、１９４９年には衆議院選挙に立候補し、当選を果たします。当選後も、「企業政治家」として政界内での実力を高めつつ、社長としても引き続き経営に関与し続け、政界との関わりが三光汽船の大きな原動力ともなりました。

自主独立経営をモットーとし、世界一の船主になることへの野望を持っていた河本氏は、保有船を大手海運に貸し出すオーナー会社から、独自に船隊を運行させるオペレーターになることを目指していました。１９６４年、大手海運会社が国家の助成の下で再編に参加し、集約体制を作ったのに対し、三光汽船は「国家の補助を受けて制約下で経営をするのではなく、合理化を徹底し、運行効率を最大限発揮すべきだ」という理由でこれを断り、独立独歩の道を歩み始めます。

大きなビジョンの下、自力で造船することに踏み切り、１９６０年代には自力建造した船が30隻に達しました。この「海運界の一匹狼」と呼ばれた独立志向は、日本の高度経済成長

下において、制約を受けずにスピーディかつ大胆な意思決定につながり、三光汽船を飛躍へと導きます。

そして、三光汽船は1970年代に極めて特徴的な経営手法でビジネス界を騒がせます。そのユニークさは、資金調達方法にありました。1971年から3年の間に4回も矢継ぎ早に第三者割当増資を実施し、912億円もの資金を集めたのです。このような短期間で巨額な第三者割当増資を行う例はかつて存在せず、株価のコントロールにもつながりかねない施策は大きな注目を集めるとともに、批判の矛先となりました。

そしてこの巨額の資金は、大量のタンカーの発注と、「三光証券」と呼ばれる株式投資への原資となります。当時「三光汽船の経営の本質は、株投機と船ころがしだ」と批判されていたように、株においても船舶においても、安い時期に大量に調達し、高いタイミングで売り切る、という手法を徹底していました。「河本商法」と呼ばれたこの手法は、高まる株価を背景に、投資回収でキャッシュを生み出す好循環を作り出しました。

三光汽船の絶頂は、この好循環の最中にあった1973年。インフレの進行によって船舶への投資ブームも起こり、造船界も空前の活況に湧いていました。

しかし、この直後、三光汽船にオイルショックが襲いかかるのです。

どのようにして
倒産に
至ったのか?

# 2回の大きな賭けに敗れ、政財界を巻き込んだ倒産劇に

1973年、第一次オイルショックが発生し、タンカー市況の低迷が始まります。三光汽船が見込んでいた需要は一気に萎み、世界的なタンカー過剰が表面化し、契約していた船舶の半数以上がキャンセルとなりました。リスクを取っていた三光汽船にとっては大打撃です。そして三光汽船にとっては、「船ころがし」と揶揄された船舶の転売も、船価相場の大幅低下により封じられた形になりました。ギャンブルに負けた三光汽船は、ここから転落の一途を辿ります。

1983年、三光汽船はとうとう560億円という巨大な経常損失を計上します。経営危機がささやかれるようになった三光汽船は、ここで再び起死回生の大きな賭けに出ます。低迷の原因となっていたタンカー依存から脱却し、小型バラ積み貨物船81隻を一気に建造する、という方針を発表したのです。タンカーよりはるかに採算の良い小型船のウェートを高めて収支改善を図るとともに、タイミングを見て売却して利ざやをつかむ、という一石二鳥を狙った戦術だったのですが、81隻というその規模に「三光汽船が最後の賭けに出た」と話題を集めます。

しかし、このギャンブルも裏目に出てしまいます。三光汽船の大量発注に合わせるように、世界中の船主がこぞって小型船の発注に走ったのです。逆張りをしたはずの三光汽船でしたが、結果的に船舶は過剰となり、三光汽船の狙いだった転売ができなくなってしまいました。最後の賭けに敗れた三光汽船は、1985年、5200億円という巨額な負債を抱え、会社更生法を申請するに至りました。大型倒産であったにもかかわらず、日本航空の墜落事故の翌日だったということで、世間的な注目を受けなかった密かな倒産劇でした。

ちなみに、倒産当時、河本氏は既に三光汽船の役職からは退任していました。1974年、自身が通産大臣に就任したことをきっかけに、三光汽船の経営から手を引いた形を取っていたのです。しかし、それでも事実上のオーナーであったこと、そして政財界を騒がせる倒産劇となったことなどの責任を取り、河本氏は倒産と同時に沖縄開発庁長官を辞任します。自民党河本派を率いる領袖として総裁を狙う立場にいた河本氏でしたが、この倒産劇は総裁選への出馬を阻む一因となりました。

なお、この会社には次のストーリーがあります。会社更生法申請後、その後のリストラが成功し、1998年には更生債務を繰り上げ返済し、更生計画の終結に至りました。倒産という苦い経験を経た復活劇です。しかし、また三光汽船に悲劇が訪れます。

2008年に2000億円を超える売上を達成し、再び大きな注目を浴びたものの、同年に発生したリーマン・ショックにより、世界的な船腹増加の中で輸送量の急激な低下に見舞われてしまうのです。燃料費の高騰、円高による為替差損、そしてリーマン・ショック前に発注していた船の引き取りが続いたことで、三光汽船の経営は一気に傾きます。再建努力も実らず、2012年、1600億円近い債務を抱えて、三光汽船は2回目の会社更生法の申請に至るのです。

なぜ間違えたのか?

## ギャンブルには勝ち続けることができないという宿命

この三光汽船の倒産劇を理解するためには、海運業の特性をまず理解する必要があります。海運業とは一言で言えば、自分たちでコントロールできない環境変化に大きな影響を受ける業界です。海運は市場がグローバルであり、そのグローバルの需給バランスによって価格が大きく変動します。経済が好転すれば海運需要は高まり、そこに船の供給が追いつかなければ相場は上がる。シンプルな市場メカニズムであり、そのメカニズムをコントロールすることは本質的に不可能です。

さらに、そこに為替レートや原油価格、船員に関わる人件費といった外的変化の影響が加わります。その複雑でアンコントローラブルな環境変化に身を置きながら、数十億円から数百億円がかかる船舶造船のためのコストなどについて、受注から竣工までのリードタイムを測りながら意思決定をしていかなくてはならないのです。

つまり、海運業というのは本質的に「環境変化にいかに適切に対応するか」という戦いであり、だからこそその変化に対して意思決定を少しでも間違えれば、すぐに経営危機にまで達してしまうのです。そこで普通のプレイヤーは、この業界のサバイバル術として、コストを削減しつつ長期契約で安定を図り、様々な形の船のポートフォリオを組むことで、何かあった時にも生き残ることができる体制を築きます。

しかし、三光汽船はその道を取りませんでした。「環境変化に対応する」のではなく、「環境変化を読み解き、そしてチャンスに賭ける」というスタイルで果敢に挑戦したのです。

もちろん、その読みが当たれば見返りは大きいですが、想定外のことも起きるというのが相場の常。オイルショックという想定外の事象によって転落し、リーマン・ショックという新たな想定外の事象によって2回の転落を経験することになります。守りの体制を欠いたギャンブルでは、どれだけ才覚があっても長期的に勝ち続けることは難しいのです。

私たち
へのメッセージ

この事例は、私たちに「有事」のことを日頃から想定に入れておくことの重要性を教えてくれます。

私たちは、これから将来起き得ることを考える際、「不確実性の高さ」×「起きた時のインパクトの大きさ」という2軸で整理することができます。その時、考慮に入れやすいのは、言うまでもなく「不確実性が低い」もの。例えば、消費税増税対策などはイメージしやすいでしょう。

しかし、忘れてはならないのは、「不確実性は高い」けれど、「起きた時のインパクトは大きい」という象限に入るもの。「そんなことが起きたらヤバい」という感情が、「そんなことは起きるはずがない」という形に変換されて、考えることを拒否してしまうのです。しかし、この三光汽船の事例は、どれだけ調子が良い時であっても万が一の備えを欠いた企業にはしっぺ返しが来る、ということを教えてくれます。

さて、私たちにとって、「不確実性は高い」のに、「起きた時のインパクトは大きい」というイベントは何でしょうか？　ちょっと立ち止まってそこに思いを巡らせてみましょう。

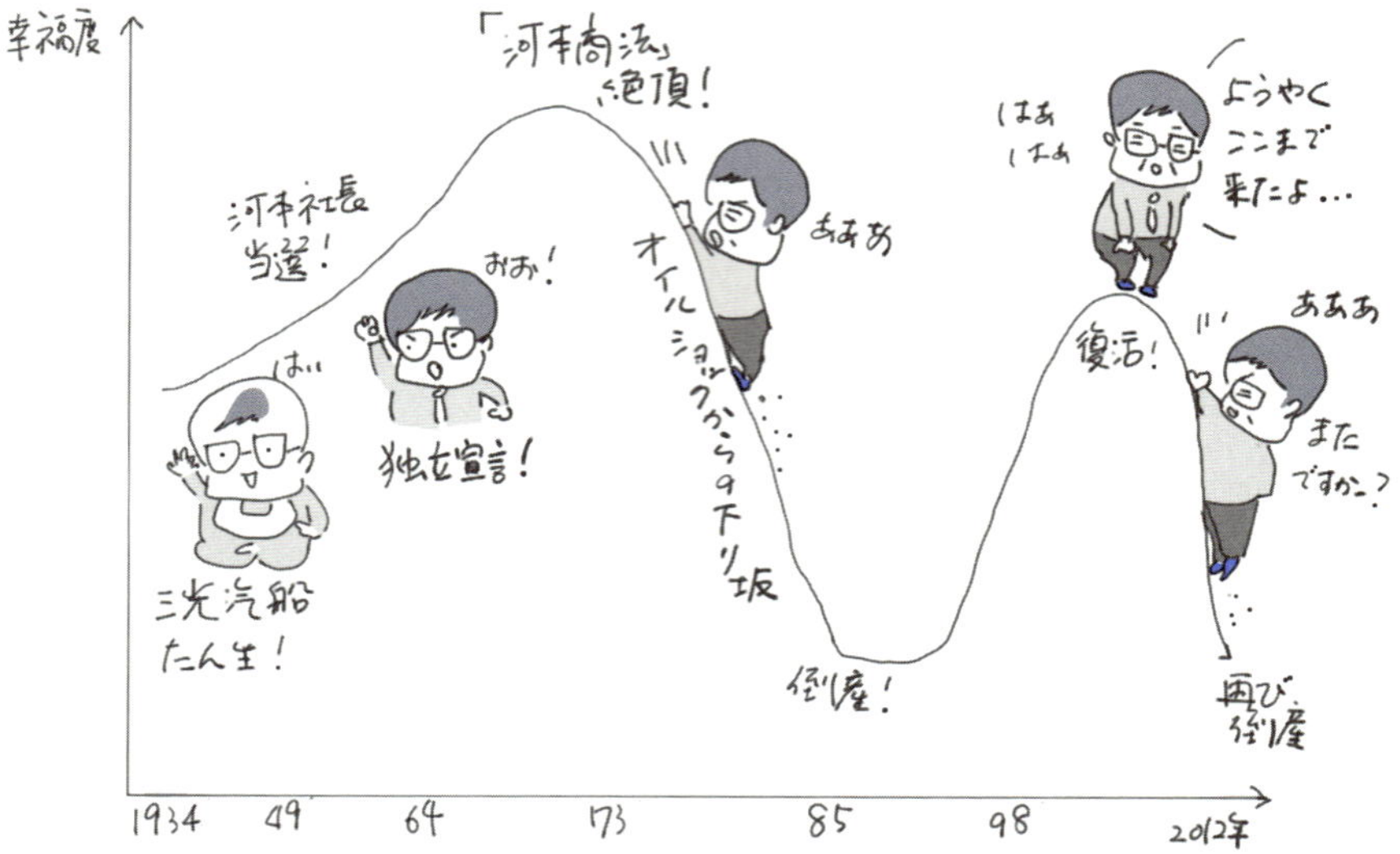


## 三光汽船倒産に学ぶ 3つのポイント

**01**

不確実性が高く、インパクトが大きいイベントを洗い出してみよう

**02**

そのイベントが起きた場合にどうすべきか、その守りを具体的に考えてみよう

**03**

守りを欠いた攻め一辺倒の姿勢では、中長期的な視点ではいつか負けがくることを認識しよう

| | |
|---|---|
| 企業名 | 三光汽船 |
| 創業年 | 1934年 |
| 倒産年 | 1985年<br>2012年 |
| 倒産形態 | 会社更生法適用 |
| 業種・主要業務 | 海運業 |
| 負債総額 | 5200億円（1985年）<br>1600億円（2012年） |
| 倒産時の売上高 | 995億9500万円<br>（2012年3月） |
| 倒産時の従業員数 | 91名<br>（2012年） |
| 本社所在地 | 日本<br>東京都港区 |

参照：
『座礁—ドキュメント三光汽船』日本経済新聞特別取材班 日本経済新聞社
『ドキュメント沈没—三光汽船の栄光と挫折』毎日新聞社経済部編 毎日新聞社

Encyclopedia of Global Bankruptcy Company No. 014

# 「業界のイス取りゲーム」に負けて倒産

戦略上の問題

「脆弱シナリオ」型

脆弱なシナリオに依存して、何かがあったら終わってしまう

## エルピーダメモリ

どういう
会社
だったのか?

# ダイナミックな事業統合の「希望」を胸に、V字回復を遂げた企業

「産業のコメ」と呼ばれた半導体。その半導体において、日本企業が隆盛を極めていたのは1980年代のことです。1980年代の後半には日本企業の半導体シェアは50%を超えていました。特にDRAMと呼ばれる半導体は日本の得意分野であり、品質は高く価格は安い、ということで市場を席巻していました。

しかしその「コメ」と呼ばれる貴重な産業で日本の独走を許すわけにいかなかったのがアメリカです。日米半導体協定などを通じて日本企業を追い落としにかかります。そしてアメリカの後はサムスンを代表とする韓国企業の猛追。その結果、1990年代後半には日本の半導体企業は軒並み失墜し、生き残りのための合併を模索するようになります。

エルピーダメモリは、そのような時代背景の中、1999年、NECと日立製作所のDRAM事業の整理統合により生まれた会社です。当初の社名は「NEC日立メモリ」でしたが、その翌年、ギリシャ語の希望（Elpis）という言葉に、両社のダイナミック（Dynamic）な事業統合（Association）という言葉を組み合わせた造語である「エルピーダ」という名前を冠してスタートしました。

しかし、「ダイナミックな事業統合」という名前とは裏腹の事業運営がなされます。それは

NECと日立がそれぞれ自分たちの権利を主張し、「たすき掛け人事」に見られる妥協のマネジメントが横行するものでした。環境変化を踏まえて迅速にビジネスを進めていくのではなく、調整に調整を重ねながら両社の意向を確認して打ち手を決めていく、というスタイル。決して競争力がある経営ではありませんでした。

当然ながらうまくいくわけはありません。2001年度には251億円の営業損失を計上し、2002年度は238億円、2003年度には264億円という損失を計上し続けます。2002年に外部から招聘された坂本幸雄社長はこの当時の様子を振り返り、「それまでの3年間、ずっとこんな調子で仕事をしていたのかと唖然としました」と述べています。

しかし、その坂本社長の起用によって、エルピーダも復活の兆しを見せます。インテルや日本政策投資銀行からの増資を受け、生産ラインへの投資を行い、2003年に三菱電機のDRAM事業を買収。2004年度には151億円の利益を計上するに至ります。坂本社長の就任から2年足らずで赤字企業が見事にV字回復し、同年11月にはIPO（新規株式公開）を実現することで「日の丸半導体の復活」として再注目を浴びるようになります。その後、坂本社長の下で順調に推移したエルピーダは、2007年3月期には営業利益684億円、純利益が529億円という最高益を計上します。

しかし、短期間でここまで業績を回復したエルピーダも、この時が絶頂でした。ここからエルピーダは猛烈な勢いの下り坂に入っていくのです。

どのようにして
倒産に
至ったのか？

# 市況の変化や円高の影響を受け、資金繰りに失敗して倒産

最高益を計上した2007年でしたが、実はその背後に「市況の変化」という波が押し寄せていました。2007年にDRAMは供給過剰状態となり、1年間で価格が6分の1以下に下落します。

その背景にはマイクロソフト「Windows Vista」の特需期待の見誤りがありました。半導体各社がVista特需を見込んで増産に走りましたが、現実にはそれほど需要が広がらず、DRAM価格は暴落。大きな設備投資を行っていたエルピーダは、結果的に2008年3月期決算では純損失235億円という大きな赤字を出します。

そして、追い打ちをかけるように翌2008年にはリーマン・ショック。その年の決算でエルピーダは1800億円近い純損失を出すことになり、資金繰りにおいて危機的状況に陥ります。その年、エルピーダは日本政策投資銀行から300億円の第三者割当増資（公的資金）を受け入れるとともに、メガバンクなどから1100億円の融資を受けることになり、何とか危険水域から脱出します。

しかし、一難去ってまた一難。今度は円高です。売上の90％が海外向けであるエルピーダは、この円高によって徐々に追い詰められていきます。

そして、そろそろキャッシュフローが厳しくなってきた2011年12月でした。融資を受けた1100億円の返済期限は2012年の4月。それを前に、日本政策投資銀行から通告を受けます。「2012年2月末までに提携先を見つけて1000億～2000億円の資本増強をしなければ、支援することができない」と。

期限までの残り数カ月、坂本社長は提携先の可能性を探りますが、半導体不況の中で交渉が難航するうちに時間切れとなり、万策尽きたエルピーダは2012年2月末、会社更生法を選択するに至りました。時価総額が900億円もの大企業であり、かつ公的資本を入れてからわずか3年後に倒産するという予想外の展開は、市場に大きな驚きをもたらしました。

なぜ間違えたのか？

## 資金調達に対する体制が不十分だったことが致命傷に

この業界は大型の設備投資がものをいう業界です。最先端の設備にどのタイミングでどれくらいの投資を行うか。そして、その設計から生産を連携させることで製品の歩留まりをどれくらい高めるか。そのシンプルな戦いを制することができれば、「安い価格で高品質」の半導体を提供することができ、さらなる顧客の獲得、そしてそれがさらなる低コスト化を実現することにつながります。

つまり、一般的に言う「規模の経済」が効きやすい業界であり、この「投資→顧客獲得→低コスト化→収益獲得→再投資」という好循環を作ることができるかできないかによって生死が決まってしまいます。

半導体業界においてこの規模の戦いに勝つために残されたイスはごくわずか。したがって、この限られたイスを取れなければアウト、というシンプルな戦いなのです。当時、このイスに座ることができたプレイヤーがサムスンやSKハイニックスであり、徐々にDRAMのシェアを高めていきました。エルピーダは結果的に円高によりとどめを刺された形になりましたが、本質的にはこの半導体業界の熾烈なイス取りゲームに負けた、ということもできるでしょう。

そして、このイス取りゲームの本質は、「資金調達」にあります。大型の投資が先んじる戦いであり、かつ為替やシリコンサイクルなどの需給バランスに大きく左右されるビジネス。その大型投資の回収までに少しでも不測の事態が発生すれば、運転資金が回らずに倒産してしまいます。だからこそ、資金調達のオプションをどれだけ幅広く柔軟に担保できるかということが重要であり、もしキャッシュが途切れることがあれば、その瞬間に売上や利益がどれだけあってもゲームオーバーになる、というルールなのです。

その観点で言えば、エルピーダの致命的なポイントは、「メインバンク不在」という資金調達のハードルの高さでした。敢えてメインバンクを作らないことで、誰にも縛られない自由な経営を行う、というコンセプトでしたが、この選択は大きなリスクと隣り合わせです。2008年の経営危機においてメガバンクから大型の資金調達をしますが、日ごとに減ってくるキャッシュを目の前に、借換のタイミングが迫ります。他方で密にコミュニケーションを取ることができる金融機関は不在。これほど心細いことはなかったと思います。結果的には、金融機関から厳しい通告を受けてから、猶予期限は3カ月。そこから提携先を探るというのはあまりにも厳しい条件でした。

坂本社長が後日談として「メインバンクを持っておくべきだった」と反省の弁を語っている通り、この「大型投資×激しい波がある」という半導体ビジネスにおいて、資金調達面での不安定さが最後の成否を分けたポイントだったのかも知れません。

私たち
への
メッセージ

結果的にはわずか十数年で終わってしまったエルピーダの歴史ですが、この倒産に至る短いストーリーが教えてくれるものは、「ゲームのルールを熟知することの大切さ」です。どんなビジネスであっても、必ず暗黙のルール(MBA用語では、このルールのことを「KSF＝Key Success Factors」と言います)が存在します。そのルールを認識し、満たすように働きかけなければ、いくら細部で優れていたとしても勝ち残ることはできません。

翻って考えた際、私たちは自分たちが属しているビジネスのルールを把握しているでしょうか？「このビジネスで勝つためには何が必要なのか？」という問いを突きつけられた際、その要件を網羅的に、つまり自分に専門性のない領域も含めて語ることができるでしょうか？

このようにビジネスのルールを幅広い視点で押さえにかかる、ということが、マネジメントに立つ時に求められる考え方の1つです。ものづくりが注目されがちな半導体業界において、「ファイナンス」というミッシングピースを埋めることができずに、志半ばで敗れていったエルピーダの事例は、そんなメッセージを私たちに伝えてくれているのではないでしょうか。

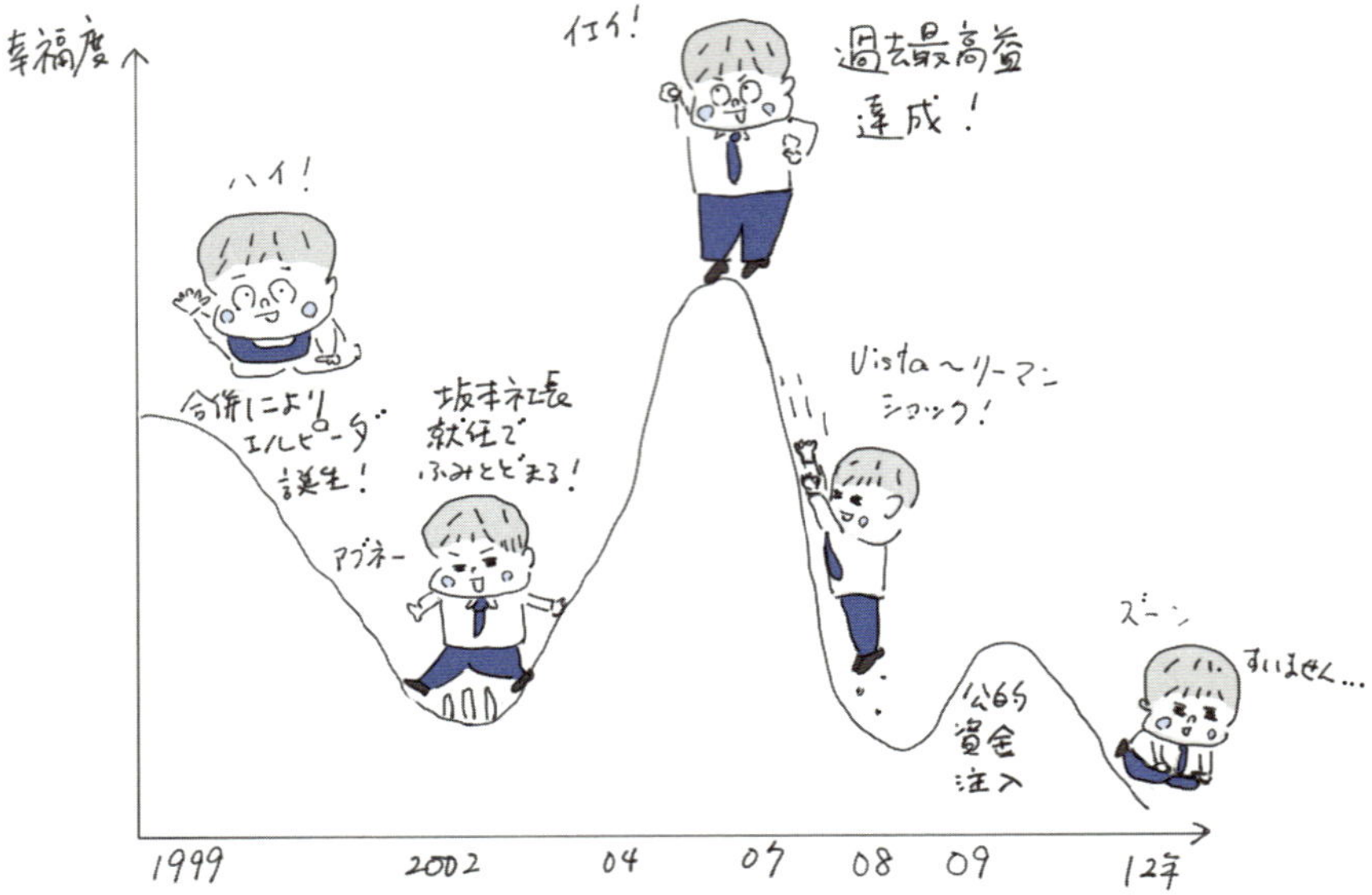


## エルピーダメモリ倒産に学ぶ3つのポイント

**01**

自分が所属する業界のKSF（勝つために満たすべき要素）を考えてみよう

**02**

KSFと自分の組織にギャップがあるのはどこかを考えてみよう

**03**

そのギャップをどうやって埋めるのか、ということこそが、経営戦略の中心となる

| | |
|---|---|
| 企業名 | エルピーダメモリ |
| 創業年 | 1999年 |
| 倒産年 | 2012年 |
| 倒産形態 | 会社更生法適用 |
| 業種・主要業務 | 電気機器 |
| 債務総額 | 約4818億円 |
| 倒産時の売上高 | 5143億円<br>（2011年3月期） |
| 倒産時の従業員数 | 5957名<br>（2011年9月末） |
| 本社所在地 | 日本<br>東京都港区 |

参照：
『不本意な敗戦』坂本幸雄 日本経済新聞出版社
『正論で経営せよ』坂本幸雄 ウェッジ
『エルピーダは蘇った』松浦晋也 日経BP
『日本「半導体」敗戦』湯之上隆 光文社ペーパーバックス

Encyclopedia of Global Bankruptcy

マネジメントの問題 編

## 「焦りからの逸脱」型

焦りから許容範囲を逸脱してしまう

山一證券
北海道拓殖銀行
千代田生命保険
リーマン・ブラザーズ

## 「大雑把」型

マネジメントがアバウト・雑過ぎる

マイカル
NOVA
林原・スカイマーク

# 「機能不全」型

経営と現場の距離感が遠過ぎて、
組織として機能していない

コンチネンタル航空
タカタ
シアーズ

# プロセスを軽視し過ぎて倒産

マネジメント上の問題

「焦りからの逸脱」型

焦りから許容範囲を逸脱してしまう

## 山一證券

どういう
会社
だったのか？

# 企業側の資金調達のパートナー「法人の山一」として証券業界を牽引

山一證券はかつての4大証券会社のひとつで、実業家の小池国三氏が創業しました。小池氏は、当時著名な実業家であった若尾逸平氏の下で17年間奉公し、その奉公現場で相場を覚えます。その後1897年、31歳の時に独立し、小池国三商店を設立。社章には、若尾家の家紋である「山に一」を選び、これが後の社名である「山一」の由来となりました。

そして小池氏は地域間で生まれる市場のわずかな利ざやを狙う「サヤ取り」を極め、兜町随一のサヤ取りとなります。その後、小池氏は1909年に渋沢栄一氏らと同行したアメリカ視察旅行で訪れたウォール街の投資銀行に感銘を受け、ギャンブル性の高い株屋からインベストメントバンクへ脱皮を図ることを決めます。当時はまだ今のように株式を通じた資金調達が発達していなかった時期でしたが、さらに株式市場の広がる可能性を見出したのです。

やがて小池氏は、資金調達に悩む企業側にとってとても心強いパートナーとなっていきます。証券業界内では、その後一般投資家に強みを持つ「個人の野村證券」に対して、企業側に強みを持つ「法人の山一證券」というポジションが確立されていくのですが、そのルーツとベースはこの時期に小池氏が数多くの企業に対して築いた信頼と人脈にあるのです。

1917年、その小池氏は今後の産業発展において証券業以上に銀行業に可能性を見出し、小池銀行を設立。既存の証券会社は山一合資会社（1926年に山一證券に改組）とし、同志であった杉野喜精氏に社長を任せます。山一という名前が歴史に登場した瞬間でした。

時代は軽工業から多額の資金が必要となる重工業化への転換期。大型の増資、債券発行、新たな企業の上場と、産業資金が求められました。杉野氏はその時代背景下において、小池氏が確立したビジョンに基づき、企業側の資金調達ニーズに寄り添い、山一は数ある証券会社の中でもトップ企業に上り詰めました。

その後、第二次世界大戦による経済停止期間を経て、やがて高度成長期に合わせるように日本の株式市場でも空前のブームが訪れます。苦境に陥っていた証券各社もこの時期に復活しますが、ブームが起きればその反動で不況も起きるもの。1961年から1965年までの間は証券不況と呼ばれ、この4年間で株価は4割も下げました。

この時期、4大証券会社の中で一番ダメージを受けたのは山一證券でした。その理由は、強みにしていた法人の審査の甘さにあります。山一は今で言うベンチャー企業上場の主幹事を積極的に引き受けたのですが、上場審査が甘い中で、相場が下落してしまい、結果的に大量の株の買い支えなどの持ち出しが発生しました。これにより、山一の経営は一気に行き詰まってしまったのです。

「山一経営危機」という話はすぐに広まり、1965年、山一の店頭に顧客が殺到する取り付け騒ぎが発生します。日本政府は、すぐさま山一證券に対し日本銀行による特別融資を実施し、同社を破綻から救済しました。

そして山一にとって大変運の良いことに、その後、日本経済が「いざなぎ景気」という空前の好況を迎え、経営も急速に好転し、救済融資をわずか4年で完済するのです。「多少の無理があっても政府が助けてくれる。そして、景気がカバーすればチャラになる……」。山一のこのような「危険な安心感」はこの経験から生まれました。

そして、世の中は1985年のプラザ合意の後、一気にバブルへ。株価は、1985年の日経平均株価での1万1000円台から1989年12月末には3万8915円まで高騰します。この中で、山一は引き続き大手の4社の最下位という位置付けから脱しようと、法人顧客を頼りに売上を伸ばそうとします。その施策の1つが「営業特金」という仕組みでした。

これが山一を破綻に導くことになります。


どのようにして倒産に至ったのか?

## 営業特金の損失補填を隠すための「飛ばし」が命取りに

特金とは「特定金銭信託」の略称であり、顧客が信託銀行などと相談し、運用方法を具体的に決めて資金を預ける、というものです。しかしバブルの中、具体的な運用方法を決めずに、証券会社に運用を任せるものが出てきました。これが「営業特金」です。

企業にとって有り余る資金を何らかの形で運用（財テク）に回したい。証券会社にとっては株式市場が右肩上がりの中で運用益を見込める。この双方の利害が一致したことで、営業特金は一気に広がり、証券会社は各社とも受注合戦に邁進します。そんな中、山一は、「営業特金を1兆円集めろ」というトップダウンの号令により、この営業特金で全社の6割に当たる利益を上げることに成功します。

しかし、この営業特金は問題を孕んでいました。本来事前に利回りを約束することは違法でしたが、やがて競争がエスカレートすると、内々に名刺の裏書きなどで利回りを約束し（＝「握り」）、その利回りに届かず損失が発生した時には事後に損失を補填する、という行為が業界内で横行するようになったのです。それを問題視した大蔵省は、1989年に営業特金の解約と、事後の損失補填を禁止する通達を出しました。

そんな営業特金が過熱を見せる中、急にバブルは崩壊します。株価がピーク時の4割以下にまで下落する中、営業特金は元本割れをし始めます。理屈から言えば、事前の利回り約束は禁止されていますので、損失は全て企業が負うべきもの。しかし内々の「握り」の存在が証券会社を揺るがします。この爆弾とも言える損失に対して、当時の社長だった行平次雄氏は顧客とのトラブル回避のために補填を指示し、そこで抱えた赤字を子会社に付け替えること（＝「飛ばし」）を決定します。つまり、表面的なトラブルを回避して隠すことにしたのです。

しかし、その飛ばしは、やがて明るみに出ます。1997年4月、週刊東洋経済が山一の損失補填と飛ばし疑惑を報道します。さらに7月、総会屋への利益供与事件で東京地検が山一を強制捜査し、三木淳夫社長、行平会長が引責辞任。野沢正平専務が社長になりますが、9月には東京地検が商法違反容疑で三木前社長を逮捕。雪崩を打つように山一は崩壊し、11月、もはや選択肢のなくなった山一證券は自主廃業を決めざるを得ませんでした。1997年、山一證券は小池国三商店から通算して101年の歴史に幕を閉じたのです。

なぜ
間違えたのか?

## 「相場が戻ればなかったことにできる」という甘い考え方に支配されていた

バブル以降の山一を振り返ると、致命的な意思決定がいくつかありました。それは、

① まず営業特金の「握り」の危険性を顧みずに最後までアクセルを踏み続けたこと
② 営業特金で生じた損失が表面化してトラブルが発生することを回避するために、顧客側に損失補填したこと
③ その3000億円近い損失を「飛ばし」によって簿外に隠すことを決めたこと
④ 業績悪化から株主総会が荒れることを恐れて総会屋に利益供与したこと

です。

1つの失策が1つの嘘を呼び、そしてその嘘を隠すためにまた新たな嘘が塗り重ねられるという、まさに坂道を転げ落ちるようなプロセスを辿りました。しかし、この中でも、特に大きいのは「飛ばし」の意思決定です。バブルでの営業特金の加速は確実に山一の屋台骨を揺るがしましたが、然るべきタイミングでディスクローズすれば「自主廃業」という最悪の結果までは至らずに済んだはずです。

ではなぜ山一は1991年の年末において、飛ばしに踏み切ってしまったのでしょうか。飛ばしの当事者であった行平氏は参考人質疑の場で、このように語っています。

「確かに1990年から株価が下がっていた。ただ、あの当時は日本全体が、まだ右肩上がりの雰囲気だった。私も、また右肩上がりになる、いつか回復すると思っていたが、それを信じ過ぎた」

この発言の裏側には、プロセスを軽視した「結果至上主義」の色合いを強く感じます。つまり、「結果的に株価が上がれば、途中のやり方がどうであっても帳尻が合うので問題ない」という考え方です。「多少ルールを逸脱しても後から帳消しにできる」という危険な考え方は、長期的に見れば必ず悲惨な結果をもたらします。

しかし、それでも経営者が重要な場面でこのような考え方に依存してしまったのは、山一の過去の影響があったのではないでしょうか。つまり、1965年の経営危機からの復活の経験です。あの時、山一が体験したことは、「相場が戻れば、過去の逸脱は帳消しにできる」ということ。この「逸脱と帳消し」の経験は、「バブル崩壊は一時的な株価下落に過ぎない」という根拠のない期待と相まって、行平氏に大きな一線を越えさせてしまったのでしょう。

私たち
への
メッセージ

結果重視か、プロセス重視か。この問いに対する答えは、「どちらか」ではなく「どちらも」だということを私たちは知っています。結果を出せば何でもいいというわけではなく、結果にこだわりながらもルールの中で戦い続けることが大事なことは言うまでもありません。

しかし、最も怖いのは、「ルールから逸脱したにもかかわらず、たまたま結果が出てしまった」という経験です。「売上は全てを癒す」「売上増は七難を隠す」という言葉がある通り、結果が出た時にはその過程が表沙汰にならないことが多い。つまり、「逸脱と帳消し」の記憶が蓄積されてしまうのです。

であれば、私たちは、結果が良い時ほどプロセスにこだわらなくてはならないのでしょう。そこで許した「逸脱と帳消し」の記憶は、時限爆弾のように会社を蝕んでいく可能性があるのです。

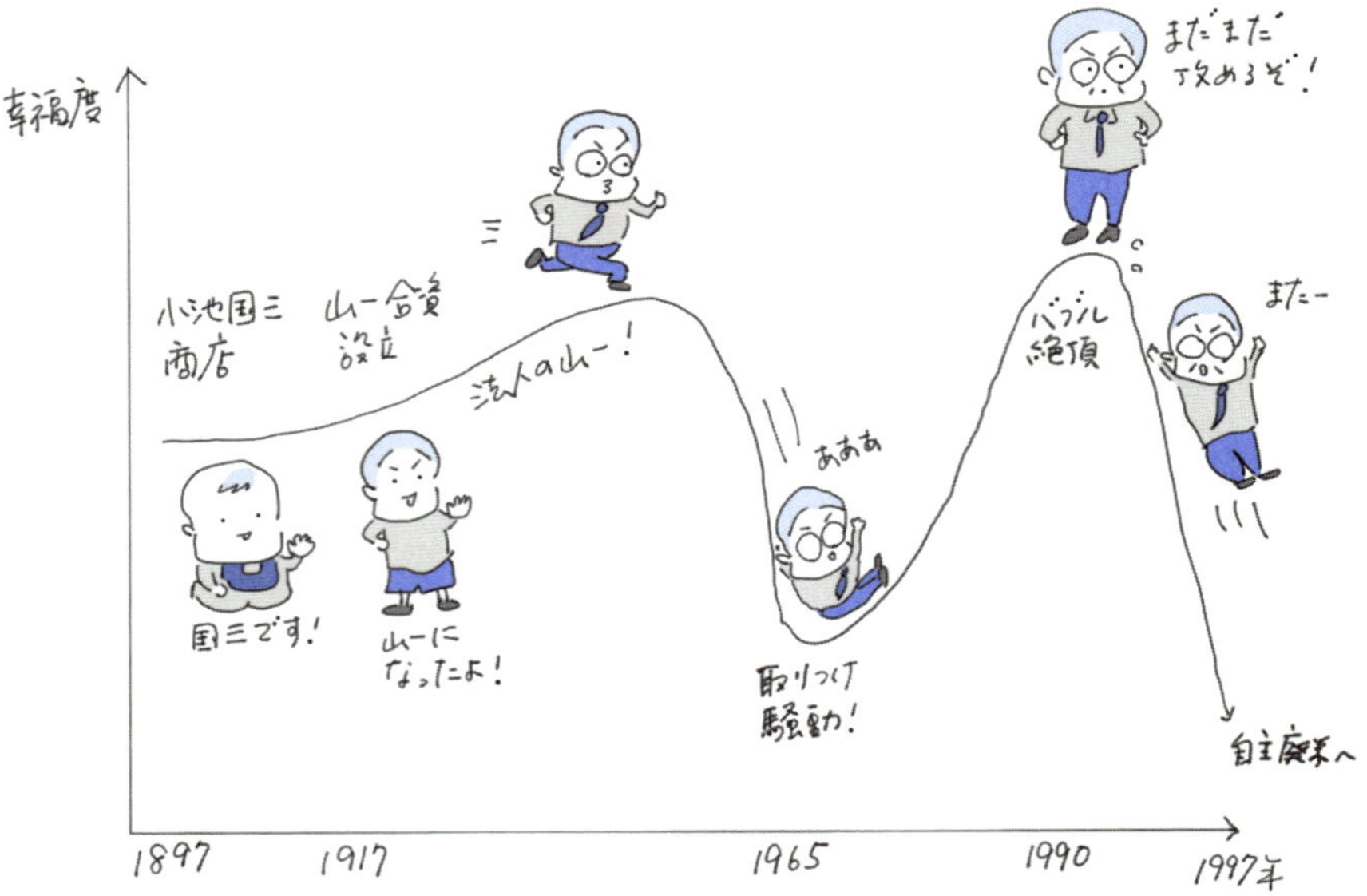


## 山一証券倒産に学ぶ 3つのポイント

**01**

仕事の結果よりも重要視されている仕事のプロセスがあるかどうかを確認してみよう

**02**

一度逸脱したプロセスは、どれだけ結果が出ても隠すことはできないと認識しよう

**03**

プロセスを逸脱してしまった時に、新たな嘘が積み重ならない防波堤を作ろう

| | |
|---|---|
| 企業名 | 山一證券 |
| 創業年 | 1897年 |
| 倒産年 | 1997年 |
| 倒産形態 | 経営破綻<br>（営業停止） |
| 業種・主要業務 | 証券業 |
| 負債総額 | 3兆5085億円 |
| 倒産時の売上高 | 2108億円<br>（営業収益） |
| 倒産時の従業員数 | 約7500人 |
| 本社所在地 | 日本<br>東京都中央区 |

参照：
『滅びの遺伝子 山一證券興亡百年史』鈴木隆 文春文庫
『山一證券の失敗』石井茂 日経ビジネス人文庫
『しんがり』清武英利 講談社＋α文庫
『会社葬送』江波戸哲夫 角川文庫

# 焦りに追い立てられて倒産

マネジメント上の問題

「焦りからの逸脱」型
焦りから許容範囲を逸脱してしまう

## 北海道拓殖銀行

どういう
会社
だったのか?

# 信頼の「たくぎん」ブランドで北海道の産業振興を支えたリーダー

北海道拓殖銀行は、1900年、北海道開拓のための長期・低利の資金提供のため、国策の特殊銀行として設立されました。「拓殖債券」というものを発行し、道外から資金を集め、道内の農業を中心に融資を行っていました。その後、第二次世界大戦を経て、1950年、民間銀行として再スタートし、国内はもちろん香港やニューヨークまで含めて広域的な営業基盤を持つに至り、1955年にはとうとう都市銀行の仲間入りをしました。

都市銀行では最小の銀行でしたが、道内では最大手の道民銀行として信頼の高い金融機関でした。「たくぎん」に口座を持っていることが、企業や経営者としての信用の証となる、ひとつの「ブランド」だったわけです。特に戦後復興期、北海道においては製造業が弱かったために、製紙業や製糖業など、地元経済基盤を支える拓銀の存在は大きいものがありました。結果的に、北海道の財界に対する影響力は大きくなり、北海道電力や北海道銀行などその他の道内大手企業の存在を抑え、道内のリーダー企業として存在を揺るぎないものにしていきました。

どのようにして倒産に至ったのか?

# 貸したくても貸し出し先がない焦りがリスク案件を増やした

倒産に至るきっかけは、バブル期の経営にあります。1985年のプラザ合意以降、度重なる金利の低下により、「金余り」の現象が続きます。それまでは「貸したくても貸出枠が原因で貸せなかった」ものが、逆に「相手が借りたくなくても貸し出さなくてはならない」というノルマが課せられるようになったのです。金利の変化により、銀行におけるゲームのルールが変わった瞬間でした。

さて、大手都銀はそのルールの変化に合わせて、いち早く都内優良案件を押さえに掛かります。しかし、拓銀はそうはいきませんでした。メインである北海道は、バブルの到来が遅かったため、優良の融資案件がそれほどなかったのです。もちろん、都内にも支店がありましたが、大手都銀の圧倒的リソースの前では勝てません。しかも、首都圏では横浜銀行や千葉銀行など地銀からも追い上げられていました。

大きな貸出ノルマがある中で、拓銀は融資実績を作るために道内の「インキュベーター案件」に活路を見出します。平たく言うと、道内の新興企業を育成する、という方針ですが、結局は実績が未知数のリスク案件に他なりません。1990年に最高益を出した拓銀ですが、バブルが崩壊した後の1991年にはそのリスクが顕在化しました。地価下落に伴い、融資先各社の担保割れが続出し、経営が行き詰まってしまった案件が表出したのです。いわゆる「不良債権」です。1994年には9600億円という多額の不良債権を抱えた拓銀には、倒産の噂がつきまといます。やがて1996年、ムーディーズの格付けが「投資不適格」となり、預金者の不安がピークに達すると、預金の流出が始まります。

逃げ場がなくなった拓銀は、窮余の一策として、道内のライバル行だった北海道銀行との合併を模索し、何とか合併の発表までこぎつけます。しかし、ホッとしたのも束の間、拓銀の不良債権額の見積もりへの不安や道銀内からの反発など諸々の合併現実化へのハードルをクリアし切れず、発表から5カ月後、道銀から合併の白紙撤回を宣告されてしまいました。もはや万策尽きた拓銀は、その2カ月後の11月、破綻と北洋銀行への営業譲渡を発表せざるを得ませんでした。

なぜ間違えたのか？

## 焦りに対する歯止めが効かない甘さを排せない組織体制

さて、拓銀はなぜ破綻に至ったのでしょうか？　「バブルの影響で」という大きな言葉で片付けてしまうと、ここからの学びがなくなってしまいます。もう少し具体的に考えてみることで、後世へのメッセージを読み解いてみましょう。

1つのヒントは、バブルの真っ只中に設けられた「総合開発部」という組織にあります。これは従来、別の組織に置かれていた「営業機能」と「審査機能」が一体化された組織体制です。当時は何とか貸出先を見つけたいし、それがノルマ化されていたので、一般的に審査は甘くなりがちです。それが同じ組織の中に入れば、結果は火を見るより明らか。隣に座っている営業部隊が必死に取ってきた案件に対して審査部隊はノーとは言いにくくなります。

ケチを付けようものなら、「そんなことで文句つけていたら大手都銀の連中に勝てるか！俺らはリスクを取らなきゃいけないんだ！」という叱責が営業サイドから飛んできたでしょう。「一刻も早く融資案件を取ってこなくてはならない」という焦りが、審査という重要な機能を形骸化させる組織体制を作ってしまったわけです。

ちなみに、当時の総合開発部は、営業8人に対して審査はたった2人だったという記録もあります。一体化した組織の中で、さらに手薄になった審査体制で、正常に機能できるわけがありません。営業としてのスピードは向上したでしょうが、正しい融資先の判断からは遠ざかる結果になっていたのです。

私たち
への
メッセージ

私たちがこの件から学ぶべきは、「焦り」と「リスク管理」の関係性でしょう。当時の拓銀には、現在の私たちには考えも及ばないほどの「焦り」があったのだと思われます。都銀としてのプライドと地銀との競争、道内他行との競争、大蔵省からの圧力……。こういったものがない混ぜになり「融資のスピード拡大」という方向に一気に傾倒したのは想像に難くありません。

しかし、そういう局面だからこそ、ネガティブなことを言ってくれる人の存在はしっかり担保しなくてはならないことを教えてくれます。焦りに対してストップをかける人はいるのか？　そういう人に対してしっかり感謝をしているのか？　そういったリスク管理の体制が非常に緩く曖昧なままに、「焦り」に任せて突き進んでいる企業や人は実は多いはずです。

もし心当たりがあるならば、私たちは決してバブル期の企業たちの過ちを笑うことはできません。拓銀をはじめとするバブルの事例を、「焦りを反映した組織体制の失敗」として捉えるならば、この一件は未だにオンゴーイングの事象なのです。

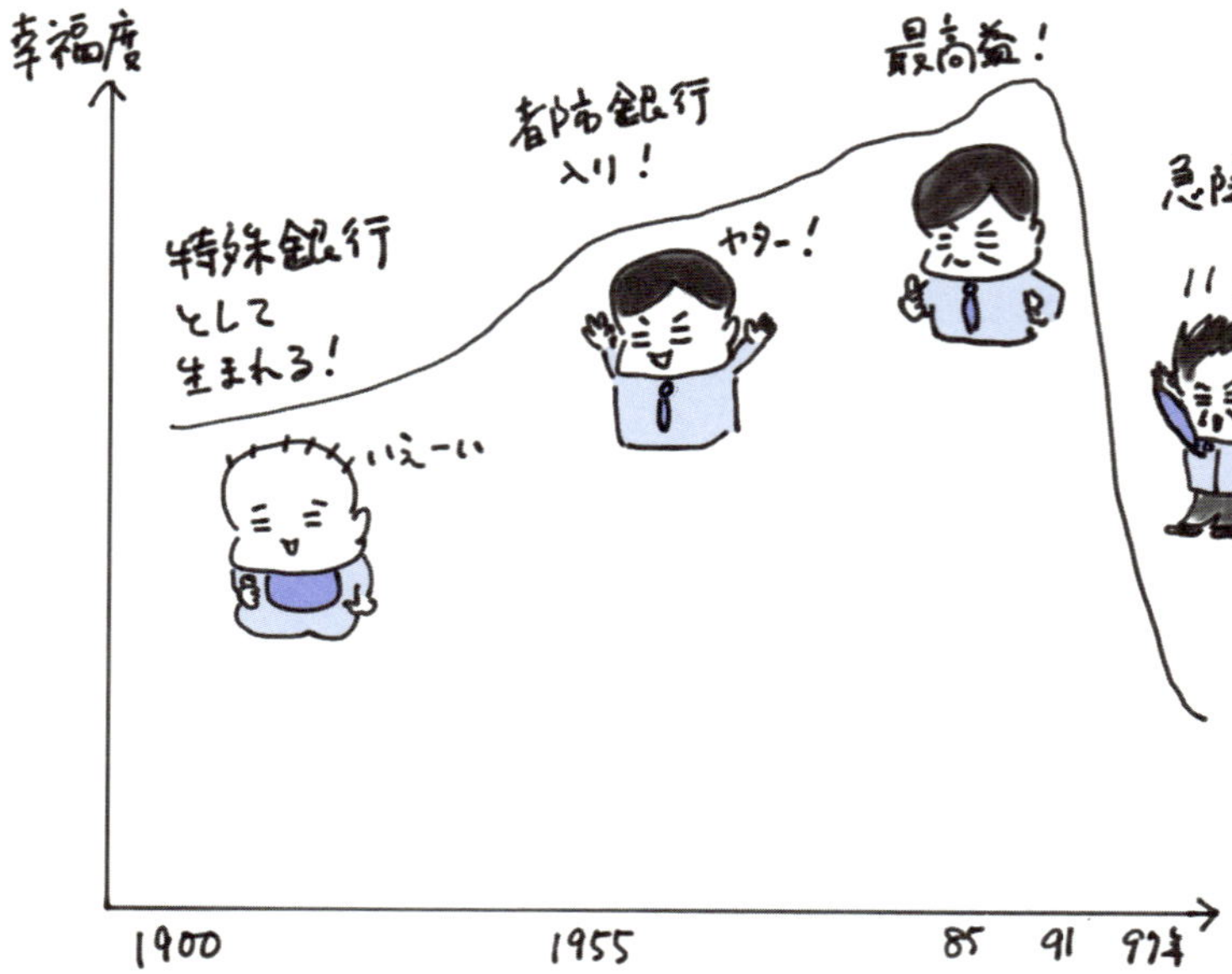


## 北海道拓殖銀行倒産に学ぶ3つのポイント

**01**

リスクの大きなことにチャレンジする場合、審査の独立性をしっかり確保することから始めよう

**02**

審査機能に対してその重要さを認めることをしているだろうか

**03**

自分たちは何に焦っているのか、その焦りを具体的に言語化してみよう

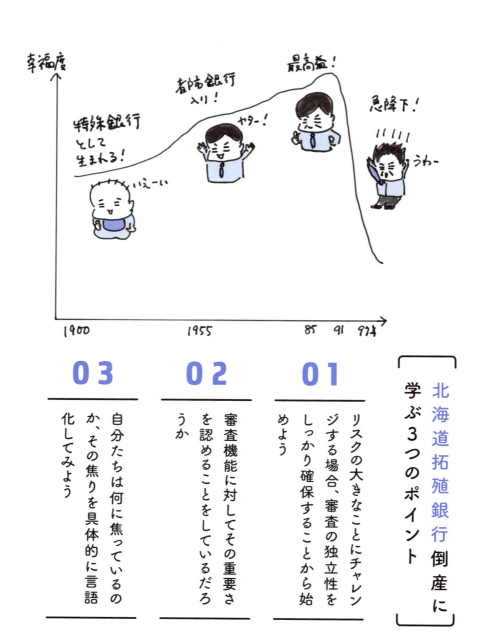

| | |
|---|---|
| 企業名 | 北海道拓殖銀行 |
| 創業年 | 1900年 |
| 倒産年 | 1997年 |
| 倒産形態 | 更生特例法適用 |
| 業種・主要業務 | 金融業、保険業、銀行業 |
| 負債総額 | 2兆3433億円 |
| 倒産時の業務純益 | 550億円（1997年3月期） |
| 倒産時の従業員数 | 2950名<br>（1997年） |
| 本社所在地 | 日本<br>北海道札幌市中央区 |

参照：
『最後の頭取　北海道拓殖銀行破綻20年後の真実』河合禎昌 ダイヤモンド社
「北海道拓殖銀行が破綻した原因をわかりやすく説明します　北海道最大手の銀行に何が？」
https://uitanlog.com/?p=4848

# 見たいものしか見ずに倒産

マネジメント上の問題

「焦りからの逸脱」型
焦りから許容範囲を逸脱してしまう

## 千代田生命保険

どういう
会社
だったのか？

# 福澤諭吉門下生が設立した堅実・保守的で歴史ある生命保険

千代田生命保険は、1904年に設立された歴史ある生命保険会社です。設立者の門野幾之進氏は、鳥羽藩からの公費生として慶應義塾に入学後、弱冠15歳にして英語教師として塾生を指導することになった秀才でした。福澤諭吉氏からの信頼も厚く、その後、首席教員を経て27歳の若さで教頭に就任しますが、1902年に教職を辞し、福澤氏が説いた生命保険の理論（著書『西洋旅案内』に記したヨーロッパの近代保険制度の紹介に基づくセオリー）を実業に活かすべく、1904年に千代田生命保険相互会社を創設したのです。門野氏48歳の時でした。

ちなみに、創業の1904年は、ちょうど日露戦争が勃発した年に該当します。数多くの戦死者が発生しますが、生命保険各社はこれらの遺族に対してきっちり保険料を支払いました。これがきっかけとなり、生命保険の効用が国内に浸透していくことになります。また、個人から集めた莫大な保険料は製鉄業など富国強兵につながる産業融資に回る、という側面においても、生命保険は日本において不可欠な存在となりました。

そんな時代の追い風が吹く中で、門野氏は自ら全国を行脚して生命保険の一層の普及に努めました。全国に散らばる慶應ＯＢを訪ね、代理店の引受を依頼していくのです。この地道な活動が功を奏し、わずか1年で契約は1万件を超え、先発の第一生命を追い抜くことになりました。そして、大正から昭和に入り、国民に生命保険が一気に浸透していくタイミングにおいて、既に幅広いネットワークを築くことに成功していた千代田生命は、戦前の段階では5大生保（明治・帝国・日本・第一・千代田）の仲間入りを果たします。やがて、これら5社への契約の集中傾向が強まり、1930年にはトップ5で5割以上のシェアを占めるようになりました。

戦後においても、千代田生命は業界初の「団体定期保険」「団体年金保険」「団体信用生命保険」といった商品を発売し、大手の一角に入り続けます。「財務の千代田」と呼ばれ、保守的で堅実な経営が特徴でした。しかし、堅実さ以外にこれといった特徴がなかった千代田生命は、業界が徐々に過当競争となっていく中、ポジショニングを築くことができずに中堅グループに埋没していきます。保有契約高ベースで1960年のシェアは5・7％（業界7位）だったものが、1970年のシェア4・3％（業界8位）、80年のシェア3・0％（業界9位）と、徐々に業界内での存在感を落とし続けます。

その凋落傾向にあった千代田生命が、1982年、起死回生を図るべく新たに社長として任命したのが、「営業のドン」と呼ばれたカリスマ的存在の神崎安太郎氏でした。「私が入社した終戦直後は、生保の中でもトップクラス。しかしうちがボヤッとしている間にズルズルと下がってしまった」と語る神崎氏にとって、今までの千代田生命の堅実さは「負の遺産」でした。神崎氏にとって、自分たちがかつていた「大手のポジション」への復帰は必須の命題。そして、その神崎氏の就任の後を追いかけるように時代はバブルへ向かっていくのです。

どのようにして倒産に至ったのか?

# 「営業のドン」による積極施策がことごとく裏目に

神崎氏が社長に就任すると、まずは営業拡大路線をひた走ります。「量を増やすことが全て」という掛け声の下、営業職員を大量に採用し、カバー範囲を拡大していきました。もちろん、単に営業するだけでは競合に勝てるわけはありません。そのために、高利率、高配当の貯蓄性商品を開発し、商品の魅力度を高めます。

しかし、高利率、高配当の商品を売る以上、それ以上の利回りを確保できる資金運用をしなくてはならない。そこで邪魔になるのが、「財務の千代田」という保守的な政策です。「多少リスクのある融資先をスピーディに開拓しなくては競合との競争には勝てない」。そう確信した神崎氏は、審査の意思決定システムを大胆に変えます。千代田生命は、それまでは融資の実行部門と審査部門を分け、牽制機能を持たせていましたが、この機能を取り払いました。財務経験のなかった部下の上田憲之氏を財務部の担当役員に登用し、彼に審査業務を兼任させるようにしたのです。

また、決済規定についても短期なら役員決済でOKとすることや、大口融資についても事前に神崎氏と上田氏で内々に意思決定してから常務会議に掛けられるようになったため、公の場面において融資の是非についての議論はほとんど行われなくなりました。

そのような「スピーディな意思決定体制」を実現した上で、神崎氏は、かつて「財務の千代田」の時代には融資対象にならなかったような企業への投資や融資を次々と実現していきます。その投資先・融資先の開拓で神崎氏が頼ったのは政界人脈です。竹下登氏をはじめ小渕恵三氏、亀井静香氏など政界中枢との関係を活用し、投融資先を拡大していくのです。

代表格はホテルニュージャパン（1982年に火災により33人の死傷者を出す大惨事の舞台となる）のオーナーであり実業家だった横井英樹氏の関連企業。その他にも保険業法で禁止されていた地上げによるJR大崎駅再開発事業への融資、貸金業の傍らで絵画投機を行っていたアイチ、「バブル計画の代表」と言われたサーキット場「オートポリス」、山梨県内のゴルフ場開発で経営陣が山口組系暴力団幹部とともに逮捕された「愛時資」など、リスクの高い「怪しげな」事業に融資を進めていきます。

そして、この「高利率・高配当の商品を通じた積極的営業攻勢と、ハイリスク・ハイリターンの投融資先開拓」という両面戦略によって、千代田生命は生保内での順位を上げ、「8大生保」という大手カテゴリーの括りに入ることに成功しました。そしてこれからもっと上位を目指そう、と考えていた1990年、バブルは一気に崩壊します。

高利回りを顧客に約束した商品の支払いは残り続ける一方で、リターンを期待していた株は値下がりを続け、融資先は軒並み回収不能状態に陥り、運用はマイナスになります。いわゆる「逆ザヤ」状態です。1990年のバブル崩壊以降、「逆ザヤ」がさらに加速し始めると、大手に比べて企業規模に劣る千代田生命が打つ手はほとんどありませんでした。1994年には経常赤字を計上し始め、利益を捻出するために経理操作（関係会社に自社ビルを売却し、その裏側で多額の融資を行い、売却益を特別利益に計上する手法）にまで手を出し始めます。いずれは売った不動産を買い戻し、融資を回収する意向ではありましたが、地価が戻らない中で回収の見通しが立たず、損失をより悪化させるだけの結果になりました。

この時期は千代田生命に限らずどこの生命保険もバブルの後遺症を大きく引きずっていました。体力のない中堅生保群は、1997年の日産生命の破綻を契機として、1999年の東邦生命、2000年の第百生命、大正生命というように、1社ずつ破綻し始めます。生命保険会社の信用力が大きくクローズアップされ、その次は千代田生命か、という注目が集まっていました。

もはや単独で生き残ることは不可能となった段階で、千代田生命に残されたオプションは外資への身売りか、古くから関係の深かった東海銀行による資本増強の2つ。しかし、外資からは、「法的処理が済んだ後、身軽になったところを買収すればいい」と判断され、交渉が決裂。東海銀行は、三和との統合を控える中、支援額の全体像の見通しが立たず、その実現が困難となりました。この過程で千代田生命に対する信用不安は日を追うごとに募り、やがて解約ラッシュが発生します。2000年10月、ここに来て万策尽きた千代田生命は、契約者への損害を最小限に留めるため、更生特例法の手続きの申請に至ったのでした。

なぜ
間違えた
のか？

# 失敗の要因は、組織として陥った「シングル・ループ」思考

千代田生命のストーリーを紐解いていくと、やはり目につくのが「ガバナンスの形骸化」という問題です。ガバナンスを形骸化し、リスキーな案件に融資することは、まるで坂道を下る前にブレーキを壊すようなもの。無謀と言わざるを得ません。

しかし、なぜこのように無謀な施策に神崎社長はチャレンジしたのでしょうか？ それは、やや逆説的ではありますが、「全く無謀ではなかったから」です。つまり、そこには神崎社長だけに見えていた「合理的なストーリー」が出来上がっていたのです。

かつて大手だったにもかかわらず、今や中堅生保という立ち位置に甘んじ、さらにトップとの差が開いていく、ということに対する焦りと屈辱。そして、目の前にはややリスクが高いけれど、競合が着手しておらずニーズのある攻め口があります。「これをやれば一発逆転ができるかも知れない」と感じさせるバブル特有の空気も作用し、他社よりも少しでも先んじて意思決定を進めたい、という気持ちが芽生えたのでしょう。

このような状況になると、人間は「見たいものを見る」という状況になります。「株価が下がるかも知れない」「貸し倒れになるかも知れない」という可能性は目に入らず、プラスシナリオの情報ばかりが目に入り、その思考は一層強化されていきます。

ハーバード大学のクリス・アージリス教授はこのような状態を「シングル・ループ・ラーニング」と定義し、この思考の危険性を訴えました。シングル・ループとは、今の自分の考えを一切疑うことなく、既存のものの見方の中で考え続けることです。余計なことを考えなくて済むために、短期的にはものすごい威力を発揮しますが、環境が少しでも変われば大惨事。だからこそ、私たちは既存の考え方とともに、外部からの新しいものの見方を取り入れ、その双方をバランスよく回していく、という「ダブル・ループ・ラーニング」が重要になるのです。

そういう意味では、健全な審査機能を失った千代田生命は、組織としての「シングル・ループ」状態に陥っていたとも言えるでしょう。その段階で、既に失敗は決まっていたのかも知れません。

私たち
への
メッセージ

結果がわかっている今、私たちがバブル時代の意思決定を笑うことは簡単です。しかし、笑っている自分自身を振り返ってみて、それぞれの重要な意思決定現場において、妄信的に突っ走って合理的ではない意思決定を行ってしまった経験はないでしょうか。結局、人間は見たいものだけを見て、自分の考えを知らぬ間に強化してしまう習性があるものです。

だからこそ、私たちは、「ダブル・ループ」という2つの輪のメタファーを常に意識しておくべきなのだと思います。自分の意見を持ちつつも、その一方では客観視しながら疑い続け、そしてまた考えをアップデートしていく。このサイクルを回し続けてこそ、「無謀さ」から少し抜け出せるのだと思います。バブル時代の「無謀」とも言える意思決定から、私たちが今学べることは、そのようなことなのではないでしょうか。

千代田生命保険

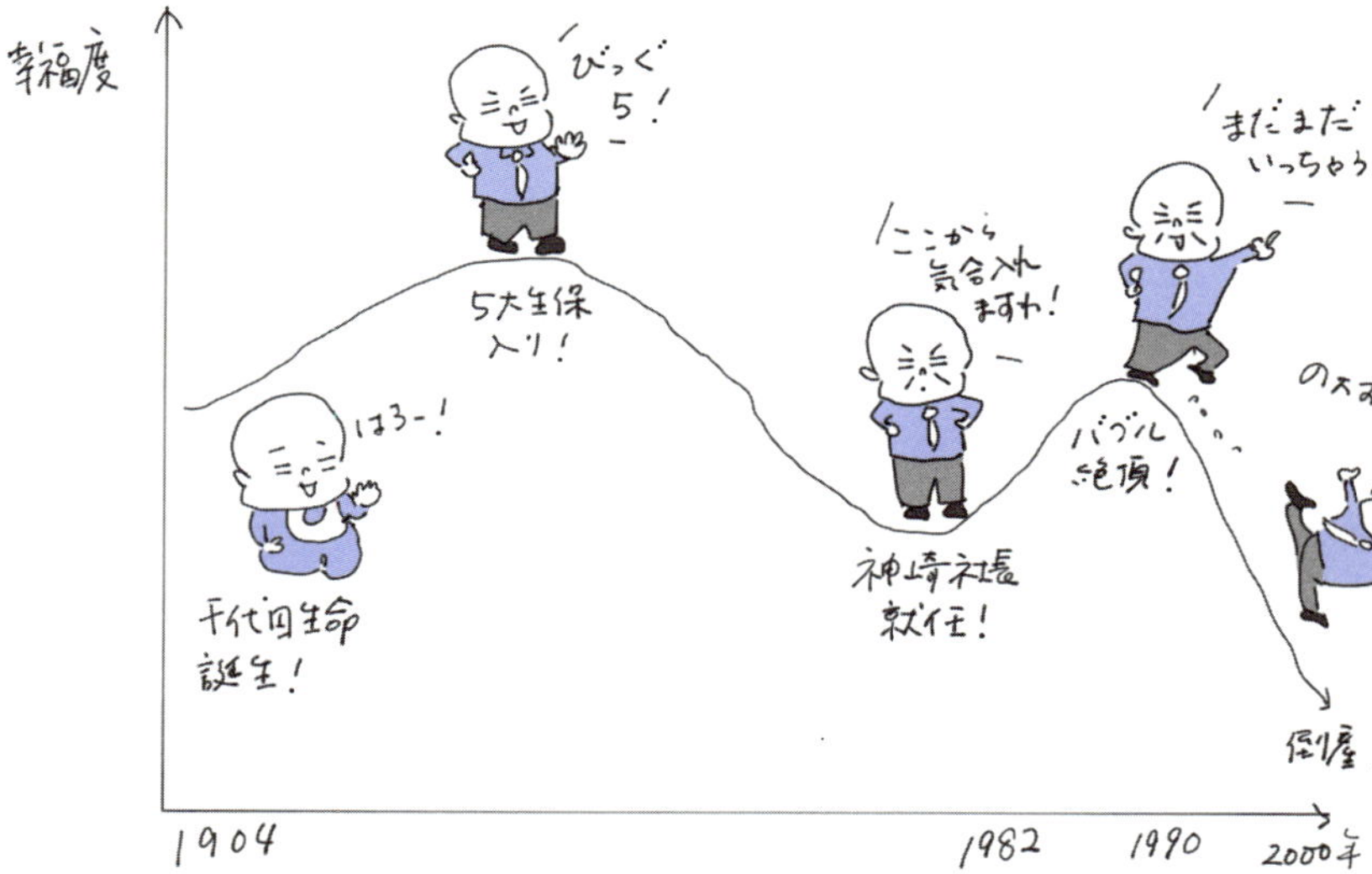


## 千代田生命保険倒産に学ぶ3つのポイント

**01**

自分の考えの前提にあるものは何かを考えてみよう

**02**

時としてその前提は本当に正しいか？いつまで正しいのか？を疑ってみよう

**03**

自分の考えの根底から覆すような「見たくない事実」から目を背けないようにしよう

| | |
|---|---|
| 企業名 | 千代田生命保険 |
| 創業年 | 1904年 |
| 倒産年 | 2000年 |
| 倒産形態 | 更生特例法適用 |
| 業種・主要業務 | 生命保険業 |
| 負債総額 | 2兆9366億円 |
| 倒産時の保有契約高 | 33兆8027億円 |
| 倒産時の従業員数 | 1万3013人 |
| 本社所在地 | 日本<br>東京都目黒区 |

参照：
「生命保険会社の経営破綻要因」 植村信保 保険学雑誌 2007年9月
「新社長登場 神崎安太郎氏」日経ビジネス 1982年5月17日号
「戦後最大！千代田生命破綻に至る3カ月の真実」週刊ダイヤモンド 2000年10月21日号

「焦りからの逸脱」型

焦りから許容範囲を逸脱してしまう

# リスクの正体をつかめず倒産

マネジメント上の問題

「焦りからの逸脱」型
焦りから許容範囲を逸脱してしまう

# リーマン・ブラザーズ

どういう
会社
だったのか?

## リーマン3兄弟が日用品店としてスタートし、投資銀行として発展

1844年に、バイエルン王国からアメリカ・アラバマ州の小さな田舎町にユダヤ系移民として住み着いたヘンリー・リーマンは、小さな日用雑貨店をスタートします。その後、弟で次男のエマニュエルと三男マイヤーが合流し、リーマン家3兄弟のビジネスとなったことから、社名を「リーマン・ブラザーズ」と命名し、新たなスタートを切りました。その後、アメリカでの綿の価格高騰の流れを受けて、顧客の支払いに綿を受け取ることを開始。リーマン・ブラザーズはこれをきっかけにして、単なる日用品店から、綿花を中心とした仲介・トレードビジネスにシフトをしていくことになります。

1855年に長男ヘンリーは黄熱病で亡くなりますが、跡を継いだ次男エマニュエルは1858年に本社をアメリカ商業の中心地になりつつあったニューヨークに移転し、ビジネスをさらに拡大することを決めます。1870年にはニューヨーク綿花取引所が開設され、エマニュエルは同取引所の取締役を務めるとともに、コーヒーや砂糖、ココアや石油といったコモディティ商品の取引にも手を広げていきます。さらに、この頃、鉄道建設債券市場に参入し、鉄道建設の拡大に金融面で貢献します。

時は南北戦争の終結後。ここからインフラ投資を中心にして加速度的にアメリカ経済は伸

びていきます。その時代の当事者だったエマニュエルは、この鉄道事業のように、アメリカの近代化に向けて安定的な資金調達の必要性はさらに高まるはず、と考え、今日で言う「投資銀行業務」へと徐々にシフトしていくのです。当初は移民が営む小さな日用雑貨店からスタートしたリーマン・ブラザーズでしたが、19世紀の終盤、アメリカ企業の旺盛な投資需要に応えるように、徐々に同社は私たちが知る巨大な投資銀行業へとその形を変えていったのでした。

投資銀行としての活動は、エマニュエルの息子であるフィリップによって加速されました。フィリップは、ゴールドマン・サックスの2代目経営者ヘンリー・ゴールドマンの友人であり、投資銀行業務においてゴールドマン・サックスと18年もの間パートナーシップを組み、60のクライアント、100以上のディールを共に手掛けます。

ちなみに、この時期、この図鑑に登場するシアーズ・ローバックのローゼンウォルド社長がこの両社に500万ドルを銀行借入として求めてきましたが、リーマンとゴールドマンのペアは株式による資金調達の方が可能性があると判断し、ローゼンウォルド社長を説得します。結果的にシアーズは、株式で1000万ドルの調達に成功し、その資金をベースにカタログビジネスというイノベーションを全米に急拡大させていったのでした。企業の成長の陰に、リーマン・ブラザーズの活躍あり。こうしてリーマン・ブラザーズは投資銀行としての知名度を高めていきます。

その後、世界恐慌を機に商業銀行と投資銀行を明確に分離するグラス・スティーガル法が

１９３３年に成立したことにより、リーマン・ブラザーズは投資銀行を選択し、投資銀行業を牽引する存在となります。

しかし、同社の経営は１９８０年代に混乱を迎えます。花形である投資銀行業務を担当する社員と、その一方で収益拡大に貢献していたトレーダー社員との間で確執が生じるようになったのです。この対立は、経営陣の対立につながり、リーマンは崩壊の危機に直面することになります。

そして、１９８４年、当時のグラックスマン社長はリーマンの身売りを迫られ、同社をアメリカン・エキスプレスに３億６０００万ドルで売却することになります。

その後、紆余曲折を経て、１９９４年、リーマン・ブラザーズ・ホールディングスとして再上場を果たしますが、アメリカの投資銀行では第４位。上位３位（ゴールドマン・サックス、モルガン・スタンレー、メリルリンチ）との差は大きく、そこには埋めがたい差があったまま、リーマン・ブラザーズは21世紀を迎えました。

どのようにして
倒産に
至ったのか?

# 払えないほどの「ハイリスク・ハイリターン」の勝負に負ける

ではリーマン・ブラザーズは、広がる上位との差をどうやって縮めようとしたのでしょうか。それは「レバレッジ」(＝テコ作用)というアプローチです。

かつて、リーマン・ブラザーズを中心とする投資銀行は顧客向けの業務が中心でした。M&Aのアドバイスや、保険会社や大手機関投資家に代わって株や債券の売買を行っていたのです。そのビジネスの収入は「手数料」。手数料ビジネスというものは、リスクは高くありませんが、大きなリターンを得ることはできません。ましてやトップ3に勝つことはできない。

そこで、リーマンが軸足を置いたのが、自分たちで資金を出し、株や債券に投資をして儲ける「自己売買型」の取引です。しかも、自分たちの資金だけでは大きく稼げないために、市場から調達した資金をレバレッジにして大きなリターンを得る、ということに軸足を置き始めました。

ギャンブルを例に出すまでもなく、他人から借りた資金で投資をするというのは、ハイリスク・ハイリターンです。倒産間近のタイミングでは、自己資金230億ドルに対して、保有していた株や債券の総額は7000億ドルありました。そのレバレッジ比率はなんと約30

倍。もちろん、当時は金利が低かったため、借り入れも容易に行うことができた、という背景もあります。また、投資銀行員の給与体系も、著しく「ボーナス」の比率が高く、短期的に儲けを出すことができれば、収入は大きく跳ね上がる構造もありました。

そのような背景が絡み合って、リーマン・ブラザーズは、ブレーキの壊れた機関車のようにとどまることなくリスクを取り始めます。もちろん、リターンが得られる状況においては誰も問題視はしないのですが、一旦損失を出し始めると一気に問題が表面化します。同じく約36倍ものレバレッジをかけていたベア・スターンズという投資銀行の経営危機が伝えられ、2008年3月にJPモルガンへの身売りが決まります。そして、そこからわずか半年後の2008年9月、リーマン・ブラザーズは連邦倒産法第11章の適用申請を行って経営破綻をしました。

資産総額約7000億ドルという市場最大の破綻劇がその後どういう影響を与えたのか、ということはまだ記憶に新しいはずです。不名誉なことに、「リーマン・ショック」という名前で語られるようになったこの金融危機。アラバマでユダヤ系移民として日用品店をスタートさせたヘンリー・リーマンは、まさか自分たちの名前がこのような形で世界史に名前を残すとは思ってもいなかったでしょう。

なぜ
間違えた
のか？

# 「リスクの本質」を理解しない状態でのリスクテイクで思考停止

当時のリーマン・ブラザーズをはじめとする投資銀行が取っていたリスクの正体は何だったのでしょうか？　実はこれは相当複雑な金融商品であり、その正体は誰も理解していなかったという指摘があります。それほど高いリスクではない、と思われていた金融商品であっても、一皮むけば信用力の低いジャンク商品の寄せ集めだったわけです。そのジャンク品の集まりが、「証券化」というテクノロジーと、機能不全に陥っていた格付け機関によって、外側からはうまくラッピングをかけられていました。

当事者たちはリスクの中身を全く理解していないにもかかわらず、なぜこれだけ「その道のプロ」たちが踏み込んでしまったのか。平たく言えば、「みんなが儲かっていたから」に他なりません。「実際のところ、よくわからないけれど、みんな儲かっているからやらなきゃ損」という心理状態だったわけです。そうは言っても誰かがこの危なさに気づいてもよいものだと思うのですが、実際にこういう「集団的な愚かさ」というものを発揮してしまうのも人間なのです。

社会心理学者のアーヴィング・ジャニスは、このような集団的に愚かになってしまう状況を「グループシンク」（＝集団浅慮）として提唱しました。平たく言えば、1人で考えれば当然気づいたことが、集団で考えることによって、「誰かが考えているだろう」という他者への過度の依存や、「みんながいるから何かあっても何とかなる」という過信を生み出し、思考することを停止してしまう、ということです。

リーマン・ブラザーズの場合は、過剰なインセンティブ設計により、この思考停止状態がさらに加速されました。冷静に振り返ればおかしなことはたくさんあったはず。しかし、当事者の1人としてその集団に属していれば、あっという間に思考停止になってしまう構造があったのです。

私たち
への
メッセージ

当然ながら、この話は、リーマン・ブラザーズだけに限ったことではありません。当時のアメリカの金融機関は似たり寄ったり。たまたまタイミング的にリーマン・ブラザーズが倒産というカードを引いただけでしょう。

さらに言えば、これは当時の金融機関だけの話でもありません。このような「集団的な思考停止状態」というのは私たちの身の周りでも頻発しているはず。「これはみんながやっていることですから……」「これは業界の当たり前ですから……」「今までの慣習なので……」ということを盾にして、ちょっとおかしな状況が見逃されていることに身に覚えはないでしょうか？　実はそういうことにこそ、リスクのタネは存在するのです。

リーマン・ショックを「どこか遠くの人が暴走した他人事の事例」だと捉えてしまうのはもったいないこと。人間というものは、集団になればすぐに愚かな存在になり、リスクをリスクとも思わなくなるものだ、という強烈なメッセージを教えてくれるのです。

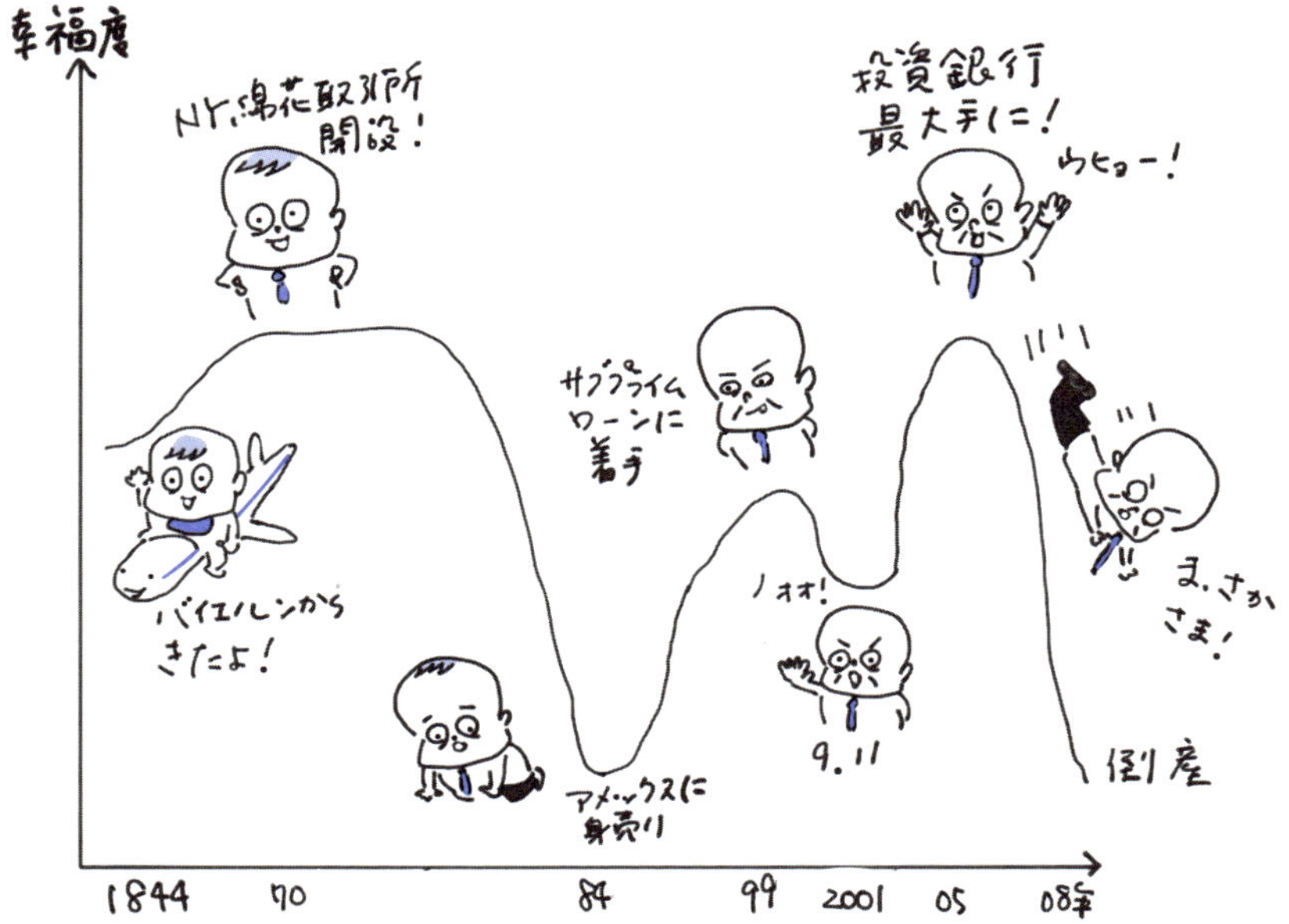


## リーマン・ブラザーズ倒産に学ぶ3つのポイント

**01**

今までの慣習に従って、妄信的にやり続けていることはないか考えてみよう

**02**

自分が取っているリスクは何か、その仕組みを自分の手を動かして調べてみよう

**03**

集団で物事を考える際、「誰か別の人が考えてくれているだろう」と他人に考えを依存していないだろうか

| | |
|---|---|
| 企業名 | リーマン・ブラザーズ |
| 創業年 | 1844年 |
| 倒産年 | 2008年 |
| 倒産形態 | 連邦倒産法第11章適用<br>（再建型倒産処理手続） |
| 業種・主要業務 | 金融業、保険業<br>金融商品取引業、商品先物取引業 |
| 負債総額 | 6130億ドル |
| 倒産時の売上高 | 590億300万ドル<br>（2007年度） |
| 倒産時の従業員数 | 2万8556名<br>（2007年11月30日） |
| 本社所在地 | アメリカ<br>ニューヨーク州ニューヨーク市 |

参照：
『Lehman Brothers』by Tom Nicholas, David Chen Harvard Business School
『12大事件でよむ現代金融入門』倉都康行 ダイヤモンド社

「焦りからの逸脱」型

焦りから許容範囲を逸脱してしまう

# 風呂敷を畳み切れず倒産

マネジメント上の問題

「大雑把」型
マネジメントがアバウト・雑過ぎる

## マイカル

どういう会社だったのか？

# 「時間消費型」ショッピングモールへと業態革新したイノベーター

1963年、大阪・天神橋筋商店街の「セルフハトヤ」、千林商店街の岡本商店という衣料品店が中心となり、背広の製販問屋の「エルピス」、京都の「ヤマト小林商店」を併せた4社の合併によって総合スーパー「ニチイ」が誕生しました。日本の流通業界初の大型合併であり、「ニチイ」という社名は「日本衣料」、もしくは「日本は一つ」を略したものだと言われています。そして「セルフハトヤ」の社長だった西端行雄氏が初代ニチイの社長となり、残りの3人が副社長という体制で発足しました。

合併当初は4社合計12店舗、年商27億円だったニチイはその後も合併を繰り返しながら、1972年には全国129店舗、年商1000億円を突破するまでに至りました。1974年には、念願の株式上場（大阪証券取引所第二部）を果たします。

まさに総合スーパーの全盛期。日本の高度成長に合わせるように、1960年代に生まれた総合スーパーは、「チェーンストア理論」（本部で大量に仕入れて、各チェーン店舗で一律のものを大量に安く販売する方法）を背景に、百貨店に代わり小売業の主役になりました。1972年にはダイエーの売上が三越を抜き、小売業の日本一に。このニチイの成長期はそんな背景があったわけです。しかし、ニチイの転機は成長を支えた初代社長の西端氏が他界したタイミングに訪れます。

1982年、西端氏の後を継いで「ヤマト小林商店」の小林敏峯氏が就任します。しかし、当時スーパーは冬の時代を迎えていました。大手スーパーは軒並み減益となり、ニチイもその例外ではありませんでした。

小林社長は脱スーパー路線を掲げ、都市の若年層を対象にしたファッション専門店「ビブレ」を全国展開するとともに、郊外のニューファミリー層を対象とした生活百貨店「サティ」の全国展開をスタートします。1988年にはグループの名称を「マイカルグループ」に変更し、「マイカル宣言」を行いました。

MYCALとは、Young & Young Mind Casual Amenity Lifeの頭文字をアレンジしたものであり、「若年層及び若い気持ちを持った人の気軽な快適生活」ということです。つまりは、若手から中高年まで幅広いターゲットのライフスタイルを支える、という考えがベースにあります。単なる安売りから決別し、生活づくり、街づくりを事業対象にし、生活文化産業集団に脱皮する、というチャレンジが名称変更に込められました。

そして、その象徴的な一歩が、翌1989年の未来都市「マイカルタウン」構想に基づく、マイカル本牧の出店でした。スーパーとは全く次元の異なる巨大商業施設であり、サティを核店舗にしながら、映画館、スポーツクラブ、カーディーラー、金融機関といった「時間消費型」のショッピングモールを出店したのです。

そしてバブル崩壊後は地価下落を背景にしながらマイカルタウンに対する積極投資を続け

ます。1995年にマイカル桑名、97年にマイカル明石、98年にマイカル大連商場、そして99年にマイカル小樽と、矢継ぎ早に投資が続きました。マイカル小樽への投資額は600億円を超える巨額なものでした。

このようにして、マイカルは大型のショッピングモール事業へと変身を遂げていったのです。

どのようにして
倒産に
至ったのか?

## 質を追求した大型店舗の出店が消費者ニーズに逆行

マイカルタウンは出店当初は賑わいをもたらしましたが、やがてそのブームは下火になります。出店攻勢とは裏腹に、1990年代後半のマイカルの売り場は、総じて勢いのあるものではありませんでした。「店舗は広い割に、買いたいものがない」という状況だったのです。

1990年代後半は、デフレの時代。ユニクロや100円ショップが大きく飛躍してきた時期と重なります。消費者側としては、安くて良いものを求める、という潮流がありました。しかし、その当時マイカルが追求していたのは、「量よりも質」。消費者のニーズとは異なる方向に走っていたのです。

しかも、複合型の店舗については、「自前化」が前提でした。つまり、マイカルタウンに入る店舗はできるだけマイカルやその関連会社で賄おうとしたのです。結果的に、マイカルタウンが追求した「質」の観点においても、消費者にとっては極めて中途半端な存在に陥りました。

安いものを大量に販売するという量販店モデルに限界を感じ、質の方向に舵を切ったマイカルでしたが、時代の流れは完全にマイカルの戦略に逆行しました。1990年代後半のマイカルシティは、巨額なコストが計上される一方で、売上は立たず、売り場効率は大幅に落ち込み、全ての店舗で大きく赤字を垂れ流す結果となっていたのです。

水面下の噂だったマイカル危機説は、1998年秋にアメリカ会計基準で670億円の赤字が表面化してから一気に広がりました。しかし、マイカルがリストラに本格的に着手し始めることができたのは、「マイカル宣言」を推進していた小林氏が1999年12月に急逝してからです。ワンマンで経営を引っ張ってきた小林氏の方針を誰ひとり変えることができなかったのです。

その後は宇都宮浩太郎氏が社長になりますが、メインバンクであった当時の第一勧業銀行からの融資は難航します。結果的にはメインバンクからの調達を諦め、外資系金融機関を頼り、店舗の証券化といった手法を通じて資金確保に走りますが、格下げ、株価低迷といった市場の評価を変えられず、事態は悪化するばかりでした。

最終的には、2001年9月、民事再生法※、そして11月に会社更生法を申請し、イオンのスポンサードにより再生を目指すことになったのです。負債総額はグループ合計で

1兆9000億円。当時、戦後第4位の規模の倒産であり、小売流通業では戦後最大の倒産劇となりました。

（※最初から会社更生法を選択せず、民事再生法とした背景にはウォルマートからの買収を期待した一部の幹部陣の暴走がありました。結局その計画は頓挫し、会社更生法を選択せざるを得なくなったのですが、そのドラマはここでは割愛します）

なぜ間違えたのか？

## 器は次々と作ったが、肝心の魂を入れ忘れた

マイカル倒産の直接的な原因は、1980年代後半から舵を切った「マイカルタウン」の推進であることは間違いありません。「街づくり」というコンセプトの下に抱えた大きな負債が、10年の時を経て爆発したわけです。しかし、競合であるジャスコ（イオン）やイトーヨーカ堂も店舗の大型化を推進していました。方針そのものに違いがなかったとすれば、本質的な差はどこにあったのでしょうか。

その差は、「現場の緻密さ」ということにあります。大きな「店舗の形態」ということもさることながら、店舗の最前線の現場で消費者ニーズを見極めながら、モノが売れるような仕

掛けをどれだけ試行錯誤してきたか、ということです。

例えば、ヨーカ堂においては、仮説検証を繰り返しながら、商品数の絞り込みと販売量の確保にこだわってきました。ジャスコにおいては、デフレニーズを踏まえて、圧倒的な低価格販売にこだわり、現場レベルで「どこよりも安い」というブランドイメージの形成に努めてきたわけです。

しかし、マイカルは、日本の高度成長時代に形成された「置けば売れる」という成功体験に基づく大雑把な販売手法から抜け切れませんでした。「マイカル宣言」に見られるような大きなコンセプトに走り、一方で必要な現場の緻密なマーケティング施策が疎かになっていたのです。

結果的には、消費者目線レベルでは、どれだけ店舗が大きくても、「何かいつも新しい変化がある売り場」に引っ張られていきます。マイカルが本当にやるべきだったのは、新しく次々に大型店の器を作り続けることではなく、作った器一つ一つにしっかり魂を入れていくことだったのでしょう。

私たち
へ の
メッセージ

時に私たちは大きな戦略構想を立てる場面にぶつかります。そういう場面で問われているのは、いかにして既存の延長線上にない構想を描くことができるか。つまり、「風呂敷を大きく広げる力」が求められます。

しかし、同時に忘れてはならないのが、広げた風呂敷を最後まで畳み切ること。オペレーションレベルまで細部を描き切り、そしてうまくいくまでフィードバックサイクルを回し切っていくことなのです。戦略づくりにおいては、ややもすると、風呂敷を広げた張本人が注目されがちですが、本当に重要なのは、その風呂敷を畳み切った人です。

私たちは、果たして風呂敷を畳み切っているでしょうか？ このマイカルの事例からは、長期的な現場レベルの緻密な設計の価値が問われていると感じます。

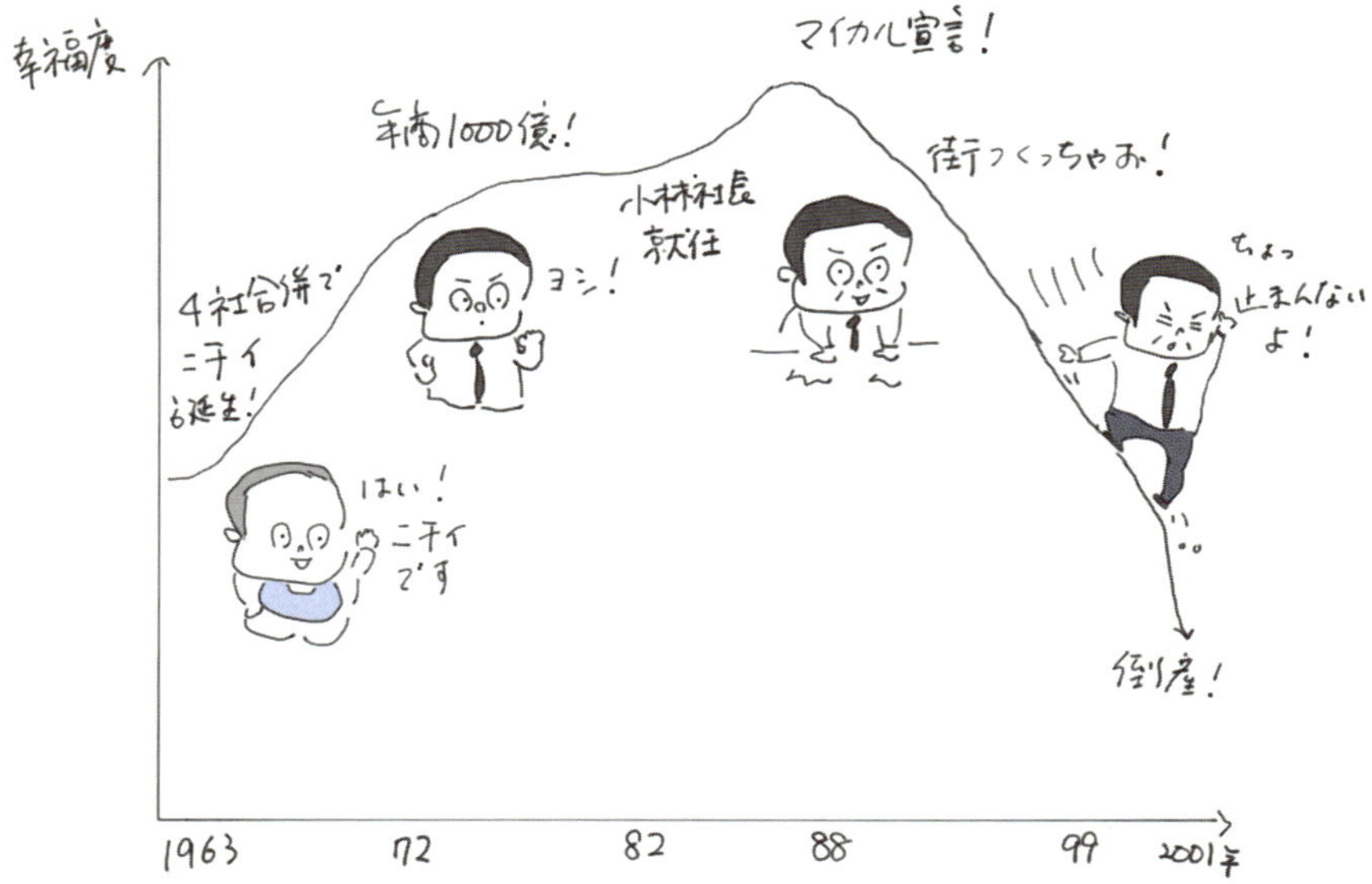


## マイカル倒産に学ぶ3つのポイント

**01**

大きな企画を立てた後、細部まで具体的なアクションを描き切っているだろうか

**02**

顧客からの反応を踏まえて、企画内容を柔軟にアップデートすることを怠るべからず

**03**

構想を立てる人だけではなく、その構想を具体化してやり切った人に対してしっかり評価をしよう

| | |
|---|---|
| 企業名 | マイカル |
| 創業年 | 1963年 |
| 倒産年 | 2001年 |
| 倒産形態 | 民事再生法適用<br>会社更生法適用 |
| 業種・主要業務 | 総合小売業 |
| 負債総額 | 1兆9000億円<br>（グループ総額） |
| 倒産時の売上高 | 1兆7200億円 |
| 倒産時の従業員数 | 2万178名 |
| 本社所在地 | 日本<br>大阪府大阪市 |

参照：
『ニチイMYCALグループの挑戦』山崎聖文 ダイヤモンド社
『再生したる！ ドキュメント「マイカル復活」150日』加藤鉱 ビジネス社
「マイカルはなぜ泥沼にはまったか」エコノミスト 2001年9月11日号
「なぜマイカルは失敗したのか」エコノミスト 2001年10月2日号

# 規律が効かな過ぎて倒産

マネジメント上の問題

「大雑把」型

マネジメントがアバウト・雑過ぎる

# NOVA

どういう
会社
だったのか？

# 英会話ビジネスに「サークル感覚」の手軽さを取り入れた異端児

NOVAは1981年、猿橋（さはし）望氏により設立された英会話学校です。猿橋氏は研究者になるために留学していたパリから日本に一時帰国している際、旅行好きな欧米の友人たちと過ごしているうちに、「このような外国人と触れ合うサークルをあちこちに作りたい」という思いが芽生えます。そして、サークル活動を続けるための彼らの食費稼ぎの手段として、英会話学校という形式を思いついたことが、NOVAをスタートするきっかけとなりました。

当初は有限会社ノヴァ企画として、大阪の心斎橋、梅田に教室を作りますが、企業の国際化などの追い風を受けて徐々に軌道に乗り始め、1986年には3校目として東京展開（渋谷校開校）を試みます。東京には1962年に創立したECC、1973年に創立したジオスとイーオンなど老舗英会話教室を中心に乱立する状態でしたが、NOVAの優位性は圧倒的な低価格と気軽さにありました。

決まった曜日と時間に授業を受けるという「学校型」とは異なり、「サークルの乗りで楽しく英語を学んでもらう」「フリーに友達と約束する感覚でアポイントを入れてもらう」という新たなコンセプトを確立。そのコンセプトは市場に受け入れられ、売上、教室数ともに毎年

２倍のスピードで成長します。そして１９９０年には株式会社化し、創立10年の１９９１年には売上１２０億円、生徒数６万人、そして関東・関西に87校もの拠点を広げるまでに至ります。

ＮＯＶＡの安さの秘密は2~3年の長期契約を前提としたレッスンの大量購入制度にありました。事前に大量に購入してもらえれば、継続受講のための営業コストを削減でき、安くできるのです。月謝制で、受講継続のための営業に力を入れていた既存のプレイヤーとは価格の仕組みが異なります。しかし、仕組みの前に、消費者にとっては、目に見える「授業当たりの単価」こそが重要です。倍以上の価格差を説明できない競合各社は止むを得ず単価を引き下げるなど、ＮＯＶＡ対策に頭を悩ませました。

さらに、ＮＯＶＡは事前の長期契約によって獲得した前受金を、積極的な拠点展開とテレビＣＭに投下します。１９９２年からＣＭをスタートしたＮＯＶＡは、独自路線を追求したユニークなコンテンツでヒット作を連発し、「駅前留学」という言葉とともに圧倒的な知名度を獲得しました。１９９５年には英会話ブームが下火になりつつありましたが、受講者数は25万人を突破し、ＥＣＣやジオスなど先発大手を追い抜いて、とうとう業界最大手になりました。

そして業界内で独り勝ちの勢いのまま、ＮＯＶＡは１９９６年に業界として初めての株式公開（ジャスダック）も果たします。１９９７年にはネット通信を活用して自宅でも英会話が学習できる「お茶の間留学」という新しいシステムも導入。ネット化への新たな布石も打ち、

NOVAはまさに盤石の状態のように見えました。
しかし、NOVA崩壊の足音は既にそこまで忍び寄っていたのです。

どのようにして倒産に至ったのか？

## 消費者との契約問題が広まり、あっという間の倒産

NOVAの変調は2005年頃から徐々に顕在化します。入学者が予想を大幅に下回るようになり、経常赤字を出すようになったのです。その頃にはCMで一世を風靡した「NOVAうさぎ」のキャラクターもヒットし、2005年9月末段階で教室数は970にまで急拡大していました。

しかし、2003年から教室数が1・6倍にまで増えていたにもかかわらず、顧客は9％程度しか増えていなかったのです。この背景には、教室数が近隣で乱立し始めたために自社内競合が起きていたことや、教室数の成長スピードにスタッフが追いついていかなかった、といった問題がありました。明らかにマネジメントのキャパシティを超えた成長をしてしまっていたのです。

しかし、その裏側にはもっと本質的な問題がありました。この頃から消費者側はNOVAに対する「ある懸念」を持っていたため、契約を躊躇する人たちが出ていました。その懸念とは、「本当に予約が取れるのか?」ということ。つまり、レッスン単価を安くするために大量に購入しても、実際には講師が不足していてレッスンの予約ができない、という声が広がっていたのです。

そして、サービスに不満を持った顧客がレッスンを残したまま中途解約すると、購入時と異なる料金体系で精算され、返還額が少なくなるというトラブルが起きていました。実際に既に各地で受講料の返還を巡る訴訟が起きるとともに、国民生活センターには1年で1000件にも上る相談が寄せられていました。その事態を重く見た経済産業省と東京都は、2007年2月にNOVAに立ち入り検査を行います。

これを機に、世間には一気に「NOVA不信」が表出し始めます。年間を通じて入学金を免除していたのに「キャンペーン期間中だけ」といった広告を出して生徒を集めていたことや、契約の取り消しができる時期なのに「期間が過ぎた」と虚偽の説明を行っていたことなども含め、NOVAの悪質な手法がマスコミで連日のように報道されるようになります。

4月には最高裁がNOVAの契約は「特定商取引法の趣旨に反していて無効」という判決を言い渡し、6月には立ち入り検査の結果、NOVAが「特定商取引法違反に該当する」として、経済産業省は長期コースの新規契約など一部業務を6カ月間停止するよう命じました。ここまでの連日の報道や業務停止処分により、契約者は一気に解約に動き出します。

もはやこの流れに抗う力は猿橋社長には残っていませんでした。急激にキャッシュの歯車が逆回転し始めたことで、資金は一気に枯渇し、度重なる給与の遅配により講師もスタッフもNOVAから離脱し始めます。万策尽きたNOVAは2007年10月26日、会社更生法を申請しました。栄光の期間からわずか数年の間の転落劇でした。

なぜ間違えたのか?

## 規律不在の前金ビジネスで、堕落の穴に陥った

このNOVAの事例の失敗の背景は、「前金ビジネス」の要諦を完全に外したことにあります。サービス提供前に顧客から支払いをしてもらう前金ビジネスは、支払いが後になるその他多くのビジネスと異なり、キャッシュフローの面でかなり楽になります。

しかし、この手のビジネスには「堕落」という大きな落とし穴があります。つまり、「契約を取るまでが全て」であり、その後の顧客満足度に興味が向きにくい、ということです。さらに、未消費レッスンを残したままフェードアウトする顧客が増えるほど、少ない講師数で教室を運営することができるようになるため、NOVAの利益率は高くなる、というメカニズムがあります。極めて堕落の引力が強いビジネスと言えます。

したがって、このような前金ビジネスほど、マネジメントサイクルに「規律のメカニズム」

を入れなくてはなりません。具体的には、顧客からの満足度を何らかの経営指標として掲げ、満足度が低い講師や教室については経営が目を光らせて、早めの段階で手を打つ仕組みを導入することです。

しかし、残念ながらNOVAはこの「規律」が効いていませんでした。それよりも、「キャッシュイン」につながる生徒数、そしてそれにつながるCM作りや教室展開を何より優先していたのでしょう。そうなれば、現場はキャッシュにつながる「新規顧客の獲得」にしか目がいかなくなり、自ずと既に契約した人からのリクエストや苦情に対する優先度は落ちることになります。このような「サービス業としての堕落」が、結果的には時限爆弾のように時間差を置いてNOVAを直撃したのです。

倒産した後、猿橋社長の豪華過ぎる社長室も明らかになりました。まるで一流ホテルの部屋のような佇まい。その裏側には隠し部屋があり、サウナやベッドまで付いていたのです。前金ビジネスにおいて、手元にあるキャッシュは「一時的に顧客から預かったお金」でしかありません。しかし、多額のキャッシュを目の前に勘違いしてしまうと、「堕落」が始まるのです。「規律」という仕組みをビルトインせず、このような社長室を作ってしまった時点で、NOVAの命運は決まっていたのかも知れません。

私たち
へのメッセージ

ビジネスにおいて規律が重要なことは言うまでもありませんが、キャッシュインの仕組みと規律の関係性を意識している人は少ないかも知れません。どんなビジネスを回すにもキャッシュは必要になります。そのキャッシュの出し手は、銀行の場合もあれば、株主も、そして今回のように顧客の場合もあります。私たちは好むと好まざるとに関係なく、このキャッシュの出し手を意識したビジネスをしなくてはなりません。

自分たちのビジネスのキャッシュの出し手は誰なのか、そしてそれに必要な「規律」は一体何なのか、この事例はそこを考える必要性に気づかせてくれるのです。

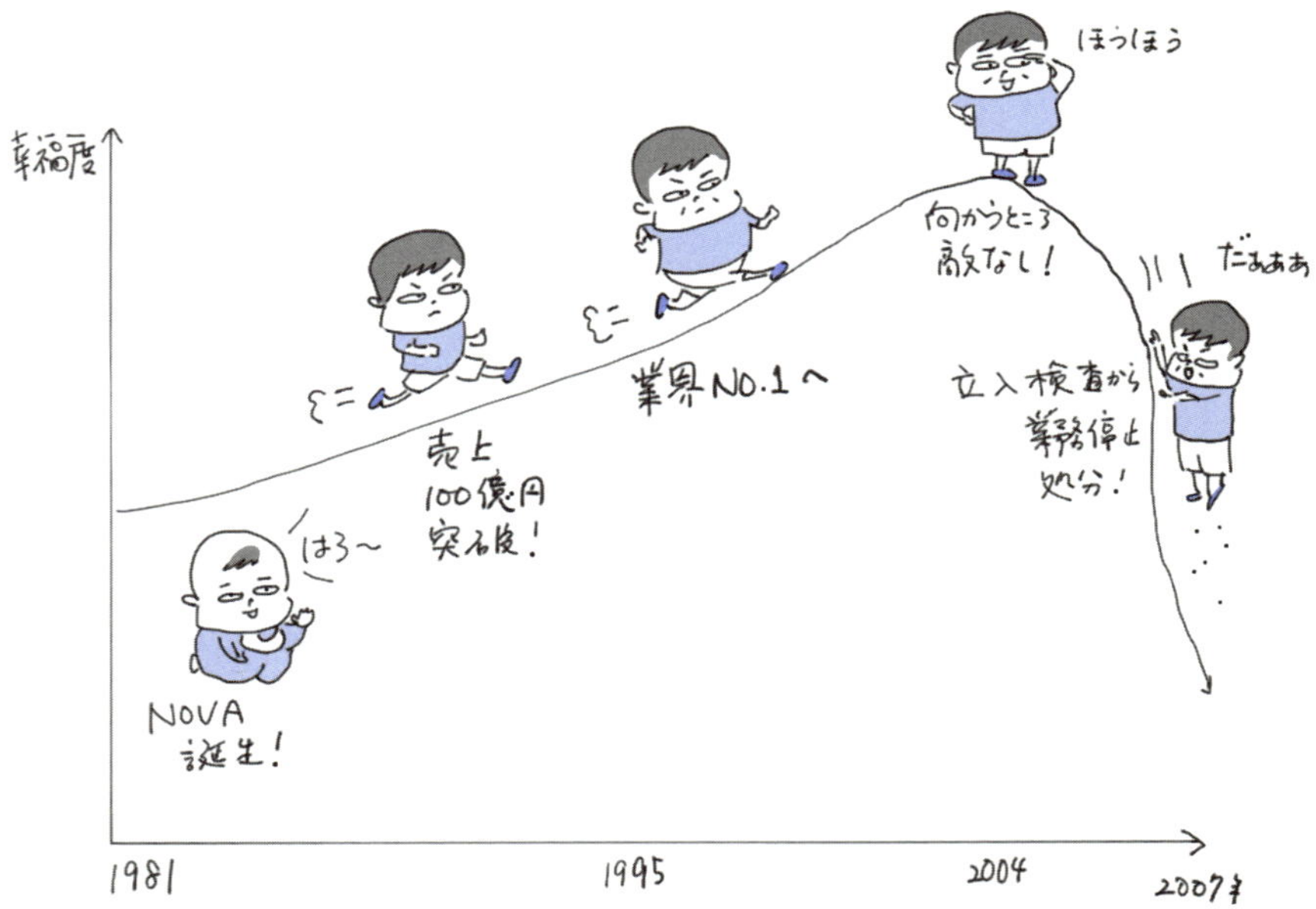


## NOVA倒産に学ぶ3つのポイント

**01**

自分たちのビジネスの資金の出し手は誰なのか、実際に調べてみよう

**02**

顧客の不満に対して迅速に反応できる規律が組織内にあるか確認してみよう

**03**

顧客への価値提供において関係のない豪華な設備など、堕落のサインは社内にないだろうか

| | |
|---|---|
| 企業名 | NOVA |
| 創業年 | 1981年 |
| 倒産年 | 2007年 |
| 倒産形態 | 会社更生法適用 |
| 業種・主要業務 | サービス業 |
| 負債総額 | 439億円 |
| 倒産時の売上高 | 698億1200万円<br>（2006年） |
| 倒産時の従業員数 | 約200名 |
| 本社所在地 | 日本<br>大阪府大阪市 |

参照：
「NOVAが仕掛ける英語で儲ける方法ー『1強』の理由」週刊エコノミスト 2003年10月28日号
「[関西起業家列伝] 猿橋望・NOVA代表（上）（連載）」大阪読売新聞 2004年11月28日
「NOVA、初の赤字転落——『料金安すぎ』収益を圧迫、教室数拡大、自社競合招く。」日経MJ 2006年6月2日
「(聞きたい語りたい) 赤字転落、『駅前留学』今後は？　NOVA・猿橋望代表」朝日新聞 2006年7月19日
「敗軍の将、兵を語る 猿橋望氏『駅前留学』解約トラブルに誤解」日経ビジネス 2007年3月5日号

# 雑な経営管理により倒産

マネジメント上の問題

「大雑把」型

マネジメントがアバウト・雑過ぎる

## 林原

どういう
会社
だったのか?

# 岡山の水飴メーカーが超優良バイオ企業として急成長

林原は１８８３年に林原克太郎氏が岡山で水飴メーカーとして創業した会社です。戦後に２代目・林原一郎氏の経営手腕により国内最大の水飴、ブドウ糖メーカーの地位を築きました。さらに本業で稼いだ巨万の利益を元手に、岡山駅前の土地を含めて不動産投資に傾注し、西日本有数の不動産王にもなった一郎氏。名経営者として注目を浴びましたが、１９６１年、52歳という若さでまさかの急死を遂げます。

その跡を急遽継いだのが、当時19歳、大学生だった健氏です。健氏が引き継いだ後、林原は本業の水飴とブドウ糖に価格下落圧力がかかり、大きな逆風を受けていました。そこで、健氏は１９６６年、大きな意思決定をします。水飴やブドウ糖など付加価値の低いメーカーに甘んじるのではなく、でんぷん化学メーカーという基礎研究ベースの高付加価値路線に舵を切るのです。多糖類であるでんぷんの分子構造を、酵素を使って細分化することができれば、いろいろな糖を作り出すことができる。そう考えた健氏は徹底的に研究に投資します。

その結果、１９６８年にマルトースを高純度で作り出すことに成功。そしてこれが医療機関向けなどに高単価で売れ、業績は一気に向上します。この「基礎研究重視」の手法に可能性を見出した健氏は、弟であり専務で経営全般を管理する靖氏のバックアップの下、多額の資金を研究に投下し始めます。その結果、1980年代に量産技術を確立した「インターフェロン」、1990年代の「トレハロース」、2000年代から急拡大した「プルラン」など次々とヒットを生み出し、会社は「バイオ企業」として急成長を遂げたのです。

この成長期においては、林原は同族経営のお手本としてメディアに取り上げられることも多く、トップダウンによる研究テーマの決定と青天井の予算配分など、サラリーマン経営者が真似できないような手法によって注目を浴びるようになります。

しかし、地方発の超優良バイオ企業と見られていた林原も、その内面には知られざるリスクを抱えていました。

どのようにして倒産に至ったのか？

## 不正経理の結果、銀行からの融資継続の合意を得られず倒産

2010年当時、林原の売上高は280億円ありました。これに対して、林原を含めたグループ中核企業の合計借入額は1300億円。非上場企業であるために銀行借入への依存が中心になるとはいえ、過剰な借入額です。

もちろん、林原にも理屈がありました。それはバブル期には1兆円近いと言われた不動産

の存在です。バブル後に地下は暴落しましたが、それでも1000億～2000億円の価値はあったと思われます。「事業は至って順調。不動産もある」というのが林原のロジックでした。

しかし、2010年の年末、林原の不正経理が発覚します。銀行借入の際、増額を承認するのに支障が出ないように、金融機関向けの決算書を改ざんすることが長年継続されていたのです。基本的な決算操作は、赤字を黒字に変更するために架空の利益を計上し、債務超過を隠蔽するために剰余金を増額するというものでした。既に1990年以降、グループの中核4社は、巨額な債務超過の状態に陥っていたと考えられます。

不正会計に気づいたのはメインバンクである中国銀行とサブメインバンクの住友信託銀行。中国銀行は450億円、住友信託は300億円の融資額がありますので、いち早く追加担保の設定に入ろうとします。しかし、林原には、巨額の融資額に見合うだけの担保は用意できませんでした。「事業は順調なので、数年待ってもらえれば問題なく帳尻を合わせられる」という林原の主張も受け入れられません。

銀行側の林原に対する不信感は強く、交渉は行き詰まり、2011年2月、会社更生法による公的整理に至りました。不正会計発覚からわずか2カ月の倒産劇に世間は驚きました。

なぜ
間違えた
のか?

# 独自のロジックに基づいた雑な管理体制でバランスを失う

それではなぜ優良企業と見られていた林原が不正会計をしてしまったのでしょうか？　そこには「雑な経営管理」と「甘いガバナンス体制」、そして「独自のロジック」という姿が浮かび上がってきます。

まず林原の経営陣には、「我が社にはいざとなったら不動産がある」という絶対的な自信がありました。この不動産に対する自信が、雑な経営管理へと導きます。

研究開発には多額の投資が必要になります。公開企業ではない林原にとって、銀行借入は生命線。したがって、本来は銀行借入がどれくらい可能なのか、いつ返済できるのか、ということを緻密に計算しなくてはなりません。しかし、健氏は（さらにいえば銀行側も）土地があるから大丈夫だと過信し、本業のバイオ事業の収支を細かく見ることを怠ってしまったのです。そして、倒産の間際になってはじめて、「不動産では債務超過金額を補うことができない」ということに気づくのです。

そして、そういった状況を放任してきたガバナンス体制の甘さがあったことは言うまでもありません。社長であった健氏は、経理には一切ノータッチで、弟の靖氏に一任していまし

林原

た。会計監査人を置くこともなく、社長の健氏自身も「月次どころか、年間の損益計算書、貸借対照表も見なかった。それでよく社長をやっていたなと思われるかも知れないが、恥ずかしながら事実である」ということを述べている通り、経理は完全にブラックボックスと化していたわけです。

普通の感覚ではあり得ない驚くべき管理体制の甘さなのですが、なぜこんなことがまかり通っていたのか。そこには、「林原独自のロジック」がありました。このような事象が発覚した後でも、「一年一年の決算を重視するよりも、10年~20年、あるいはそれ以上の時間感覚の中で帳尻を合わせていく。そうでなければ大企業はもちろんのこと世界の土俵では戦えない」ということを専務の靖氏は悪びれずに語っています。明らかにビジネスの一般的な理屈からは逸脱した「独自のロジック」があるように思われます。ここには、混乱期を乗り切って地方の中小企業を優良企業にまで育て上げてきた経営手法に対する自信と、林原の生み出す製品が多くの企業に与える影響に対する自負が見え隠れします。

ユニークな経営手法に基づく優良企業と思われていた林原ですが、一皮むけばバランス感覚の欠けた危うい企業だったのです。

私たち
への
メッセージ

林原は、インターフェロンなど、極めて独創性が高く、付加価値の高い製品を世の中に生み出してきました。この原動力になった健氏の研究開発力やクリエイティビティは間違いなく稀有なものであり、賞賛に値するものでしょう。

しかし残念なのは、健氏は極めて優秀な研究者であったのですが、「経営者の器」ではなかったということです。本人も「社長にはなりたくない。ずっと好きな研究をしていたかった」と述べていますが、それは偽らざる本心なのでしょう。人間には何だかんだ言って、やはり得手不得手、好き嫌いというものがあります。もしバランスよく経営を見ることができる「真の経営者人材」が林原にいたら、健氏も優秀な研究者としての才能を如何なく発揮できていたのかも知れません。

つまるところ、この林原の一件は「適材適所」という教訓を教えてくれるものなのかも知れません。「適切な人材を適切な場所に配置しないと、本人も企業も不幸になる」。そんな当たり前のことを強烈にリマインドしてくれるストーリーでした。

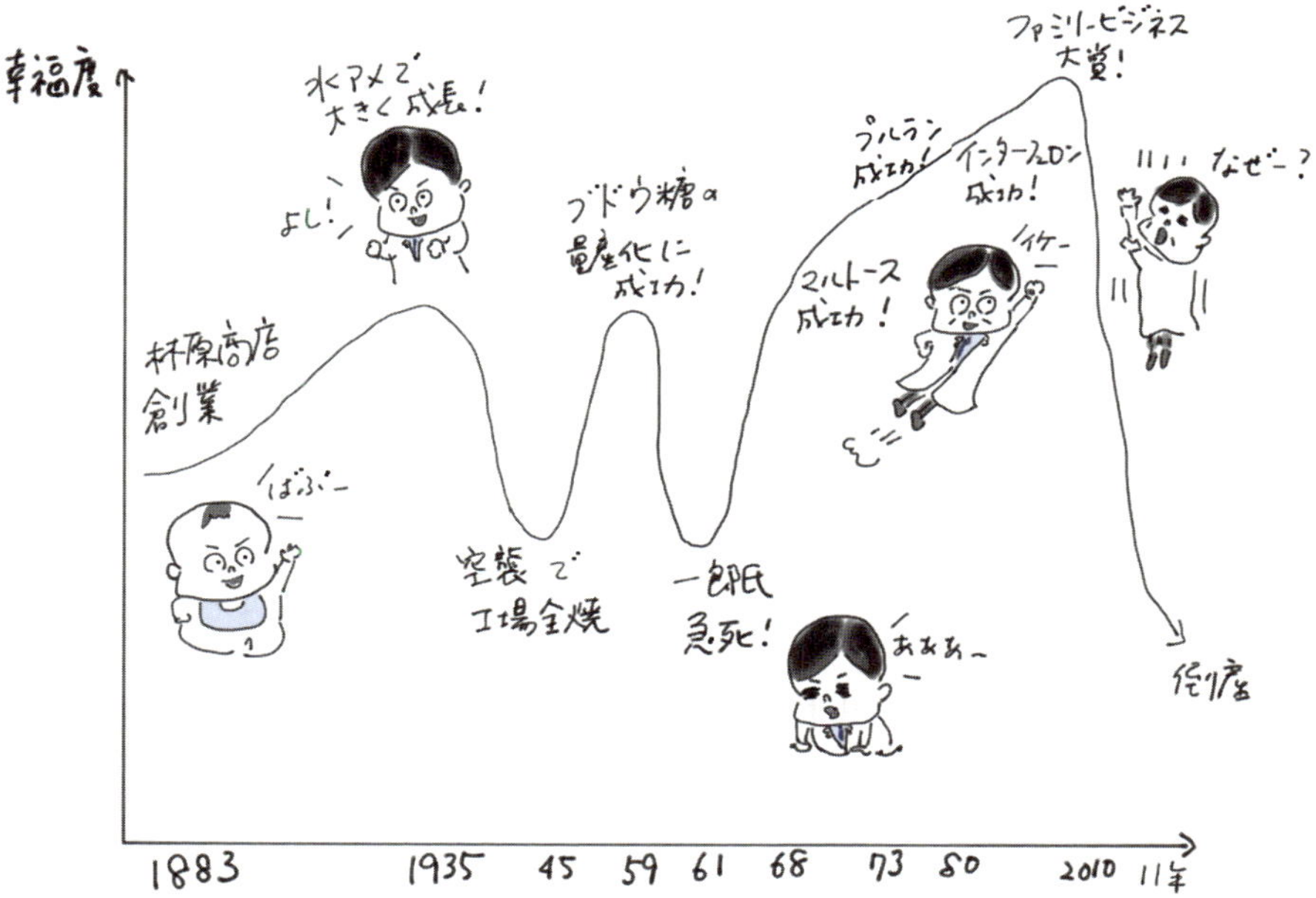


## 林原倒産に学ぶ3つのポイント

**01**

働かずして資金を獲得できる手段がある組織は、短期的には楽だが長期的には腐敗しやすい

**02**

長い間、当たり前と思われてきた組織の中の常識は、時代が変わった今の世の中で通用するだろうか

**03**

得意なこと、好きなことに重きを置いた人材配置ができているか確認してみよう

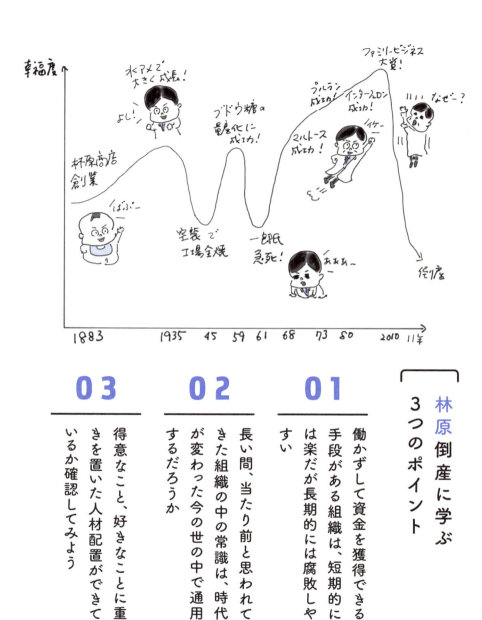

| | |
|---|---|
| 企業名 | 林原 |
| 創業年 | 1883年 |
| 倒産年 | 2011年 |
| 倒産形態 | 会社更生法適用 |
| 業種・主要業務 | 食品原料、医薬品原料、化粧品原料、健康食品原料、機能性色素の開発・製造・販売 |
| 負債総額 | 2328億円 |
| 倒産時の売上高 | 約700億円 |
| 倒産時の従業員数 | 約1000名 |
| 本社所在地 | 日本<br>岡山県岡山市 |

参照：
『林原家　同族経営への警鐘』林原健 日経BP
『破綻　バイオ企業・林原の真実』林原靖 ワック
『背信　銀行・弁護士の黒い画策』林原靖 ワック

「大雑把」型

マネジメントがアバウト・雑過ぎる

# 攻め一辺倒が裏目で倒産

マネジメント上の問題

「大雑把」型

マネジメントがアバウト・雑過ぎる

## スカイマーク

どういう
会社
だったのか?

# 規制緩和の波を受けて寡占業界に参入した破壊者

スカイマークは、1996年、エイチ・アイ・エスの澤田秀雄氏が、同社の担当ベンチャーキャピタリストであった大河原順一氏と新たな航空会社を作ることで意気投合して設立されたベンチャー航空企業です。それまで35年間、大手3社の独占だった航空業界でしたが、羽田沖の新滑走路の完成と規制緩和の波を受けて実現しました。

1998年には免許が交付され、羽田―福岡間で従来価格の半額を実現し、航空業界の新たな競争時代の先駆け的存在となりました。先行していたアメリカのLCCに倣い、サービスの簡素化と低価格により、平均搭乗率80%以上を達成することで、「安くても儲かる」ビジネスモデルを作りました。

しかし、好調は長く続きません。1998年12月に経営方針の対立から、共同創業者である大河原氏が社長を退任。さらに、1日わずか3往復しかないスカイマークのフライトに照準を合わせて大手航空会社が前後便の運賃を一斉に値下げするという対抗策を取った結果、早々に搭乗率が50%以下まで下がり、採算割れをして赤字経営に陥りました。2000年5月にマザーズに上場したものの、2000年からは債務超過状態が続く綱渡りの経営でした。

その後も、アウトソースしていた地上業務を自社に内製化してコスト削減を推進しましたが、2001年の同時多発テロにより赤字は継続し、7期連続の赤字。出資先も見当たらずにまさに危機的な状況だった時、救世主として現れたのが、インターネット接続企業のベンチャー、ゼロの西久保愼一会長です。

当時ネットバブルの追い風の中、IT長者となっていた西久保氏は澤田会長から増資の依頼を受け、個人として35億円の投資を決意します。筆頭株主となった西久保氏は、2004年1月、澤田会長から社長就任の依頼も受け、「1年限りで」という約束で自身も社長に就任しました。

この西久保氏の登場により、スカイマークはマザーズの上場廃止基準である「3年連続の債務超過」を首の皮一枚のところで逃れることに成功します。危機的な状況下での救世主、西久保氏が表舞台に登場することにより、スカイマークの第二幕がスタートしたのです。

そして、2004年10月期には創業以来初の黒字決算を達成、2004年11月には、自身が創業したゼロをスカイマークに吸収合併することを選択し、1年限定という約束も解消し、自ら退路を絶ってスカイマークの事業にコミットすることを決意します。

航空業界において低価格路線で勝つためには、コストをギリギリまで下げること、そして搭乗率を高位で維持すること以外にありません。そのシンプルな方程式に対して、西久保氏はまず燃費効率の良い小型機ボーイング737型機を一括導入するとともに、スタッフのサービスを極限まで削り落としてコストの低減を実現します。そして需要の高い羽田拠点からの福岡、神戸、札幌、那覇をつなぐ路線を主力として、低価格による「高い搭乗率」を達成し、高収益体制を実現しました。

2012年には売上高802億円、営業利益152億円、営業利益率19%というとんでもない数字を達成し、航空会社として世界第3位の高収益を実現します。異業種から参入したプレイヤーが、複雑と思われていた航空業界に対して極めてシンプルな解法を示し、高い収益性によってそれを証明したのです。

では、この実績を持って、これからスカイマークはどのような新たなチャレンジに出るのか……。そんな期待と注目を浴びていたのが2012年のことでした。

どのようにして倒産に至ったのか?

## 大手やLCCにはない独自のポジショニングを追求するが、裏目に

絶好調だったスカイマークですが、既に2012年には逆風が吹き始めていました。この年は「LCC元年」と呼ばれ、エアアジア・ジャパン、ジェットスター・ジャパン、ピーチ・アビエーションといったLCCが相次いで参入してきました。

1座席を1キロ輸送するユニットコストは当時のスカイマークが8・4円（全日本空輸が12・9円、日本航空が11・4円）に対して、エアアジアは着陸料が安いこともあって3円を切る圧倒的な低コスト構造でした。今まで低価格を打ち出してきたスカイマークにとって、LCC勢の参入はそれまでの強みを打ち消してしまうものであり、大手とLCCを踏まえたポジショニングの再構築が求められる状況になりました。

そんな混沌としたタイミングで、西久保氏は大きな勝負に出ます。それがかねて念願であった長距離国際線への参入です。国際線参入に向けて、スカイマークは1機300億円以上する2階建て超大型エアバスA380を6機も調達し、ロンドン、ニューヨーク、フランクフルトという欧米の主要都市に直行便を飛ばす、という果敢な意思決定を示します。しかも、エコノミークラスを廃止し、全席ビジネスクラス（もしくはプレミアムエコノミー）に統一して、高止まりしている大手競合のビジネスクラスの半額で提供する、という大胆な戦略でもありました。A380は高額ですが、座席数が約400と多く、もし搭乗率が高く維持できれば一気に低コストを実現でき、「格安・長距離国際線」という、大手もLCCも模倣できないスカイマークならではのポジショニングを構築することができるのです。

そして、西久保氏は国際線のみならず、国内線でも勝負に出ます。札幌や沖縄など観光路線でバッティングしているLCCとの差別化を図るために、豪華な客席が売りのエアバス中型機A330を10機導入するということも、併せて決定するのです。

しかし、この企業の命運をかけた大胆な戦略方針は、その後すぐに裏目に出てしまいます。

急激な円安と燃料高騰が直撃するのです。燃料高騰が利益を圧迫し、さらに円安によってドル建てで支払うリース料や新機材の導入費用が急増します。

この環境変化により、スカイマークの資金繰りは急激に悪化します。株式市場からの調達に依存していたスカイマークにとって、いざという時の頼りになるメインバンクも不在であり、この後は常に減りつつあるキャッシュと時間との競争に陥ります。そして、2012年の絶頂期に300億円を超えていた手元資金は、国内でのLCCとの競争激化もあり、2014年3月時点で70億円まで落ち込んでいました。

そして、運命の2014年7月。ついにエアバスからA380の支払いの目処が立たないと判断され、A380の契約解除と違約金7億ドル（約840億円）を請求されることになりました。当然ながら、それだけの違約金を払うことはスカイマークには不可能です。この違約金により、決算で監査法人からゴーイングコンサーンの注記を付けられてからは、増資もできず融資も受けられない状態に陥ります。

ここからスカイマークは一気に坂を転げるように落ちていきます。資金確保のための航空会社や投資ファンドとのギリギリの交渉が続きますが、望みの日本航空との共同運行は、2010年に破綻した同社に対して国交相が認めませんでした。そこから全日本空輸に最後のチャンスを求めますが、最終段階で折り合いがつかず。2015年1月、資金がショートするタイミングで、スカイマークは民事再生法の申請を選択したのでした。

なぜ間違えたのか?

## 短期的な「攻め」一辺倒で、長期的な「守り」が疎かに

既に失敗してしまっていることを踏まえてこのストーリーを読めば、「身の丈を超えたチャレンジをしたことによる失敗」や「強引な経営による失敗」と言えなくもないでしょう。しかし、業界を支配している大手と、勢いのあるLCCに挟まれた中で、未だ不安定な会社を安定的に成長させるために西久保氏が打ち出した「低価格の長距離国際便」というアイデアそのものは決して悪くなかったと思います。そして、この手の経営の方向性を変える「リポジショニング」というものは、極めて難度の高いものであるので、一時的にでも「身の丈を超えて」「強引に」やらなくてはうまくいかない場合もあります。

では、単に「運が悪かっただけ」ということなのかと言えば、そういうことでもありません。航空業界というものは、事業を成立させるために固定的かつ先に出るコストが多い中で、事故、テロ、パンデミック、燃料高騰や為替変動などの「イベントリスク」が売上に大きな影響を与えるため、倒産の可能性は必然的に高くなります。今まで数多くの航空会社が倒産してきたのも、この業界の必然という側面もあります。

したがって、問われるべきは、「攻めの戦略の正しさ」以上に、「守りの戦略の正しさ」にあります。つまり、このような「イベントリスク」が高い業界において、想定通りにいかなかっ

た場合や、イベントリスクが起きてしまった最悪なケースの対応をどう考えていたのか、ということが重要な業界なのです。

その観点で、スカイマークにおける事前の対応やその後の対応を見る限りにおいては、「攻め」の側面ばかりに思いがとらわれ過ぎていて、「守り」への備えができていなかった可能性を感じます。

このタイミングで円安や燃料高騰が起きてしまったのは、全くの不幸としか言いようがありませんが、しかし予想もつかない外的なイベントに左右され、そして一発でノックアウトされてしまうのが航空業界の宿命なのです。「攻め」の側面で評価を高めてきた業界の異端児であっても、「守り」を完璧にしない限りにおいては、長期間での成功の持続ということは難しかったのでしょう。その点に、この業界で「生き続ける」ことの厳しさを感じるのです。

私たちへのメッセージ

この事例では、「守り」の重要さにフォーカスを当てて考えましたが、当然ながら業界においてこの「攻守バランス」は異なります。航空業界は、コスト構造とイベントリスクによる変動という業界特有の特徴によって、「守り」の比重が高くなっています。

さて、皆さんの業界は、この「攻守バランス」はどうなっているでしょうか？　私たちはこの問いに向き合うことで、「攻守バランス」に自覚的になることが重要です。なぜならば、この事例のように「攻守バランス」を見誤ることが大きな失敗につながるからです。

特に、「攻め」重視に親しんできた人が、「守り」が必要な業界に移った時に派手な失敗がよく発生します。先立つ固定費が少なかったり、外部環境に根本的な影響を受けにくいような業界は、得てして「どんどん失敗しろ」というような風潮があり、失敗に対する許容度が高い文化がありますが、それはそれが許される業界だからに他なりません。それを当たり前と捉えずに、「攻守バランス」に自覚的に目を向けて考えてみることも必要なのではないでしょうか。

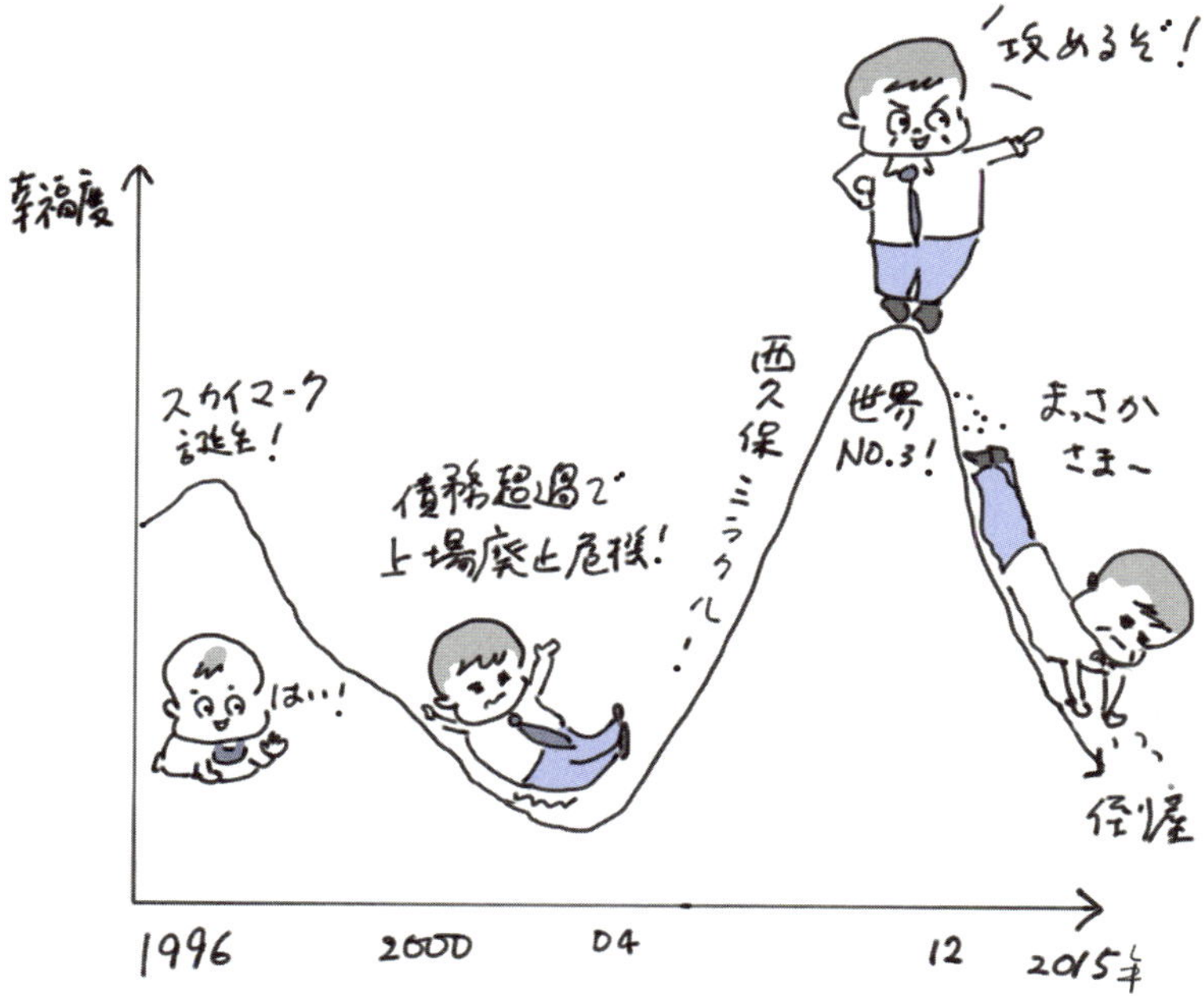


## スカイマーク倒産に学ぶ 3つのポイント

**01**

自分の業界は、攻め（新たなリスクテイク）と守り（リスクに対する備え）のどちらが重要なのかを考えてみよう

**02**

守りが重要にもかかわらず、攻めにばかり注力してしまうと、何かが起きた際に一発でアウトになる

**03**

攻めの人材と守りの人材はスキルが異なる。どちらの人材を手厚く配備すべきかを考えよう

| | |
|---|---|
| 企業名 | スカイマーク |
| 創業年 | 1996年 |
| 倒産年 | 2015年 |
| 倒産形態 | 民事再生法適用 |
| 業種・主要業務 | 空運業 |
| 負債総額 | 710億円 |
| 倒産時の売上高 | 643億円 |
| 倒産時の従業員数 | 2209名 |
| 本社所在地 | 日本<br>東京都大田区 |


参照：

「ドキュメントHIS航空業界参入の衝撃」日経ビジネス *1996*年*12*月*2*日号

「赤字*40*億円・債務超過、安定飛行へ正念場」日経ビジネス *2000*年*3*月*13*日号

「LCC参入の価格破壊」週刊ダイヤモンド *2011*年*11*月*19*日号

「エアラインサバイバル」エコノミスト *2012*年*7*月*31*日号

「資金繰りは綱渡り、再生は多難」日経ビジネス *2015*年*2*月*9*日号

「スカイマーク破綻」日本経済新聞 *2015*年*2*月*10*日

「スカイマーク奪取の空中戦」週刊ダイヤモンド *2015*年*4*月*4*日号

「大雑把」型

マネジメントがアバウト・雑過ぎる

# 経営を単純化し過ぎて倒産

マネジメント上の問題

「機能不全」型

経営と現場の距離感が遠過ぎて、組織として機能していない

# コンチネンタル航空

どういう
会社
だったのか？

# シックスの手腕による急成長から
# ロレンツォの買収による混乱へ

ウォルター・ヴァーニーは1926年、ユナイテッド航空の前身となるヴァーニー・エアラインズを立ち上げた後、1934年に、ルイス・ミュラーとともに新たにヴァーニー・スピード・ラインズを創設します。このヴァーニー・スピード・ラインズはやがて1936年にロバート・シックスに売却され、その翌年「コンチネンタル航空」に改名されました。

このシックスの経営手腕により、コンチネンタルは飛躍の歴史を歩みました。1953年、パイオニア航空を買収したことを皮切りに、1950年代の10年間においてコンチネンタルの売上は年間600万ドルから6100万ドルへと10倍以上の成長を遂げました。

これは買収もさることながら、シックスによる徹底した品質管理に基づく顧客中心のサービス提供によるものでした。そして、そのための具体的な行動指針を「成功の方程式」として定め、社員に徹底的に刷り込んでいったのです。こうして創業から40年近く、順調に成長を遂げてきたコンチネンタルでしたが、残念ながらその栄光の歴史はここまで。この後、1970年代からコンチネンタルの運命は大きく変わっていきます。

それはサウスウエスト航空がテキサス域内においてより安いチケットを提供し始めたことでした。さらにジミー・カーター政権が1978年に航空自由化政策を実行することによって、競争は一気に激化し、安定していた経営は急激に混乱に陥りました。業績の急速な悪化の責任を取り、シックスは1981年、社長の座をアルビン・フェルドマンに譲ります。

フェルドマンの最初の仕事は、会社の買収を防ぐこと。コンチネンタル航空は、フランク・ロレンツォ率いるテキサス・インターナショナル航空から買収を狙われていました。コンチネンタル航空にとって因縁の男ロレンツォの登場です。

ロレンツォは経営が悪化していたテキサス・インターナショナル航空を1972年に買収し、徹底的な賃金削減やリストラによって大きな収益を上げていた剛腕社長でした。この規制緩和の波に乗り、ナショナル航空、TWAといった経営が低迷していた航空会社に対して手当たり次第に買収交渉を仕掛けてきましたが、強引なコストカットをベースにした経営再建策に対する評判は悪く、買収の対象となった企業からは敬遠されていました。

そのロレンツォの買収ターゲットに入ってしまったコンチネンタルは、労使が強調しながら何とか買収から逃れようと策を尽くしますが、あえなく失敗。フェルドマンはその過程で自殺という悲劇的な最期を遂げます。社長就任から1年も経たない最期でした。

そして1982年、6040万ドルの赤字を生み出し混迷状態に陥っていたコンチネンタル航空に対して、ロレンツォは敵対的買収を成功させ、同社を支配下に入れたのです。コンチネンタル航空にとって、新たな悲劇の幕開けでした。

どのようにして
倒産に
至ったのか?

# 経営陣と従業員の埋めがたい不信による自滅

ロレンツォは買収の翌年の1983年、世間をあっと言わせる奇策に出ます。それは、コンチネンタル航空の現預金が2500万ドルもあるにもかかわらず、連邦倒産法第11章を申請し、同社を倒産させてしまったのです。全ての便は運行停止となり、1万2000人いた従業員は全てレイオフ(一時解雇)となりました。そして、「もし同じ仕事をしたいのであれば、半分の給与で2倍働くこと」を条件に、約4000人の「元社員」を再雇用したのです。

言うまでもなく、ロレンツォの狙いは、組合を弱体化させ、コストの大半を占める賃金のコントロール権を得ることにありました。そして新生コンチネンタル航空は、再雇用した従業員たちによって、倒産後わずか3日後には運行を再開したのです。この強引とも言える倒産術に対して労働組合は猛反発、そして新たに任命されたステファン・ウルフ社長は辞任。しかし、それでも有無を言わさぬ徹底的な合理化を実行したことにより、コンチネンタル航空のその年の業績は、過去最高益の5000万ドルを打ち出すことになりました。

そして、ロレンツォは矢継ぎ早に買収を重ねます。1987年、コンチネンタル航空は、フロンティア航空、ピープルエクスプレス航空、そしてニューヨークエアを買収し、従業員

「機能不全」型
経営と現場の距離感が遠過ぎて、組織として機能していない

3万5000人規模のアメリカ3番目の航空会社となりました。倒産から一気に全米を代表する航空会社へ。コンチネンタル航空は急激な成長を遂げました。しかし、その内実は崩壊寸前だったのです。

それは言うまでもなく、これ以上ないまでに低下した従業員のモラルであり、そして従業員とロレンツォとの関係性でした。ロレンツォの執務室は、ロック付き、防犯カメラ付きの部屋で、労働組合との対立が激化したことにより、常に身の危険を感じていました。自社のフライトに乗っていても、運ばれたソーダの栓が開けられていたら絶対に口にしなかったというエピソードも残っています。つまり、それだけ労使相互の信頼関係が毀損している状態で日々のマネジメントがなされていたのです。

当然ながら、このような経営に対する不信感がある中で、サービス業である航空会社がうまくいくはずがありません。旧コンチネンタル航空の従業員はもとより、新たに買収された3社の従業員も、常に解雇に怯えつつ、賃上げの約束は反故にされ、モチベーションは最低の状態にありました。

結果的に、1987年には2億5800万ドルの損失、翌88年には同じく3億1600万ドルの損失を生み出します。もはやこれまでと察したロレンツォは、数百万ドルの退職報酬を手に、コンチネンタル航空を去りました。

しかし、ロレンツォが去った後も、業績不振は改善しません。湾岸危機による燃料費高騰も直撃し、コンチネンタル航空は最早、自力では立ち直れない状況に陥っていました。そして1990年12月、2度目の連邦法第11章を申請するに至ったのです。

なぜ
間違えた
のか?

## 本来複雑な経営というものを単純化し過ぎた

実はこの話には後日談があります。2度目の倒産の後、1994年に社長の座を引き継いだゴードン・ベスーンは、コンチネンタル航空を見事に立て直し、経営再建の見本的なストーリーに変えたのです。コンチネンタル航空は、1994年には2億400万ドルの赤字状態でしたが、ベスーン就任後の1995年には2億2400万ドルの利益を出し、1996年には5億5600万ドルの利益を生み出すまでに至りました。そしてさらに1996年には、世界に300を超える航空会社がある中で、エアライン・オブ・ザ・イヤーに選ばれたのです。

ロレンツォがCEO就任以後、ほとんど利益を出していなかった会社は、わずか数年の間にここまでの再生を成し遂げることができました。何がこのような大きな差異を生み出したのでしょうか。

ベスーンは、この会社の再建のために4つの柱から構成される「前進プラン」を定義しました。1つ目は今までのしがらみを断ち切って儲かる路線だけに絞るという「市場プラン」。2つ目はリースの契約条件の見直しなどを通じてキャッシュを生み出す「財務プラン」。3つ目は顧客が求めるサービスレベルを実現する「商品プラン」。そして4つ目は、完全に失われている従業員との信頼関係を回復するための「従業員プラン」。これら「ヒト・モノ・カネ」を網羅した4つのプランを同時並行で実行していくことにより、ベスーン率いるコンチネンタル航空は見事な再建を果たしたのです。

ロレンツォ時代との相違点は明確です。一言で言えば、ロレンツォは経営を単純化し過ぎたのです。彼は経営を「カネ」の側面でしか捉えず、特にコンチネンタル航空においては「いかにコストを削減するか」ということだけにしか向き合いませんでした。なぜならば、短期的にコストを削減すれば利益を創出することができ、それによって株主価値を高め、新たな買収につなげることができる、という彼なりの方程式があったからです。

しかし、経営とは言うまでもなく、そんなにシンプルなものではありません。ベスーンの経営を見ればわかる通り、経営は様々な要素の複雑な組み合わせで成り立つ生き物のようなものなのです。ロレンツォは、彼の過去の経験から「経営はシンプルな方程式」と捉えていたのでしょうが、その前提の置き方にこそ大きな間違いがあったのです。

私たち
への
メッセージ

後日談としてこのストーリーを見聞きすると、ロレンツォの愚策、そしてその背景にある彼の傲慢さばかりが目につきます。しかし、この事例を身近なものに置き換えて考えていくと、私たち自身も時として小さなレベルで「ロレンツォ化」していることに思い当たります。

ここで言う「ロレンツォ化」とは、目の前にある課題を単純化し過ぎて、「これさえやれば結果は出る」というある種の全能感を持ってしまっていることです。特に、過去に成功体験があるケースなどは、本来複雑な事象であっても、経験だけに基づいて物事を単純化しがちです。ロレンツォも、過去の経営再建の経験から、自分なりのシンプルなやり方に忠実だっただけなのです。

私たちは、そのような単純化に基づく「全能感」に陥っている時ほど、要注意です。なぜならば、経営の全ての事象は、人が関わる以上、それほど単純ではないからです。複雑なことを単純化することは、理解を助ける一手法としてもちろん大切です。しかし、「それが全てではないかも知れない」という健全な疑いは常に持ち続けているべきなのでしょう。

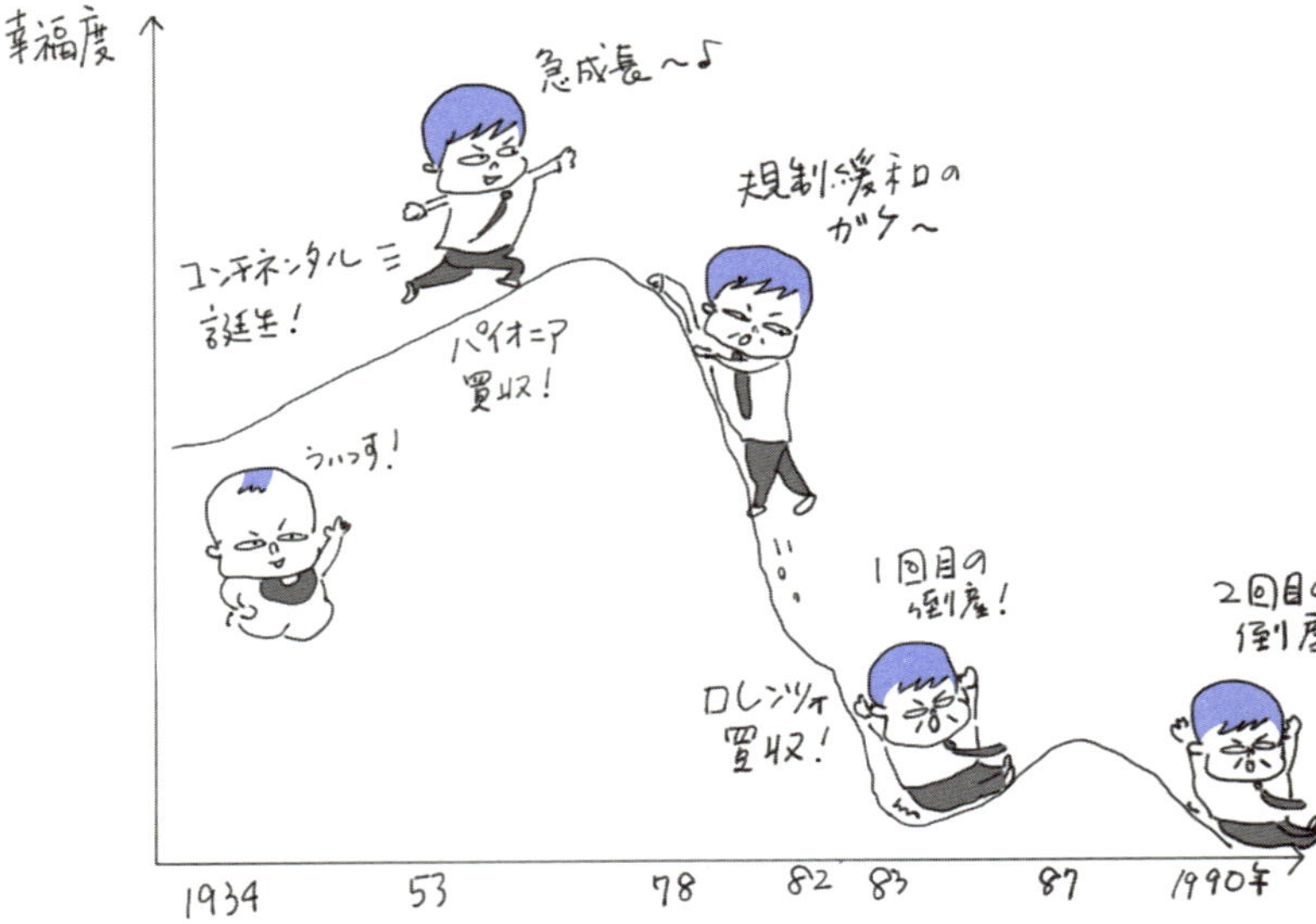


## コンチネンタル航空倒産に学ぶ3つのポイント

**01**

本来は複雑なビジネスを過度に単純化して考えていないだろうか

**02**

経営とは複雑な生き物であり、「これさえやれば結果が出る」という考えは、時に傲慢さを生み出すことを認識しよう

**03**

方程式を持ちつつも、「それが全てではないかもしれない」という健全な疑いは常に持ち続けよう

| | |
|---|---|
| 企業名 | コンチネンタル航空 |
| 創業年 | 1934年 |
| 倒産年 | 1983年<br>1990年 |
| 倒産形態 | 連邦倒産法第11章適用<br>（再建型倒産処理手続） |
| 業種・主要業務 | 空運業 |
| 負債総額 | 22億ドル（1990年） |
| 倒産時の売上高 | 17億3000万ドル |
| 倒産時の従業員数 | 約1万2000名 |
| 本社所在地 | アメリカ<br>テキサス州ヒューストン |

参照：
『大逆転！コンチネンタル航空奇跡の復活』ゴードン・ベスーン、スコット・ヒューラー 日経BP
『「サムライ」、米国大企業を立て直す！！』鶴田国昭 集英社
『Gordon Bethune at Continental Airlines』by Nitin Nohria, Anthony J. Mayo, Mark Benson Harvard Business School

# 経営者が
# 現場を知らずに倒産

マネジメント上の問題

「機能不全」型

経営と現場の距離感が遠過ぎて、組織として機能していない

## タカタ

どういう
会社
だったのか？

# 彦根発の織物製造業から世界第2位のエアバッグメーカーへ

タカタは1933年、高田武三氏が織物製造業として滋賀県彦根市で開業しました。当初は織物の技術を活かして船舶に使われるロープを製造していましたが、戦時中はその技術をパラシュートのひも製造にも転用し、多角化を進めます。そして、タカタの本業となる自動車業界参入の転機は戦後に訪れました。

1952年、武三氏がパラシュートの視察でNACA（米航空諮問委員会）を訪れた際、貴重なパイロットたちが交通事故で亡くなることが多発しており、死亡事故を防ぐために自動車用シートベルトの開発が行われていることを聞いたのです。そこに市場のポテンシャルと自社技術の可能性を感じた武三氏は、帰国後にすぐにシートベルト開発に取り掛かりました。そして開発に取り組む傍らで、ホンダ（本田技研工業）の創業者、本田宗一郎氏にシートベルトの重要性と標準装備の提案を行うのです。

宗一郎氏は即座に理解を示し、1963年、タカタの提案を取り入れ、日本初のシートベルトを標準装備した「S500」を販売します。当初は巻き取り装置のない2点式シートベルトでしたが、1970年代になるとベルトの緊急ロック機構を備えたELR（Emergency Lock Retractor）へとアップデートし、タカタは日本のシートベルトの高度化を牽引しました。

１９７４年に武三氏の息子である重一郎氏が社長になると、自動車への関与をさらに深めます。それは、「エアバッグ」へのチャレンジでした。１９７０年代中盤からアメリカではエアバッグが徐々に実用化されていましたが、タカタも１９７０年代後半から徐々にエアバッグの開発を進め、１９８５年にはメルセデスベンツにフロントエアバッグを供給するに至ります。

そして１９８０年代後半、付き合いの深いホンダから、量産向けのエアバッグの共同開発を依頼されました。タカタはリスクが高い量産を一度は断ったものの、ホンダの技術者が重一郎氏に懇願したことを受けて、量産化に踏み切ることになります。その結果、１９８７年に日本メーカーとして初めてエアバッグを搭載した「レジェンド」が世に出ることになりました。

結果的には、このエアバッグの参入と量産化の意思決定が、その後のタカタの成長を支えることになります。２０００年前後からエアバッグが普及し始め、先進国では運転席と助手席が標準装備化になると、市場規模も拡大し、後述するタカタの画期的な商品力も相まって、タカタの存在感はさらに大きくなります。

また、成長の過程で欧米の同業を買収してきたため、ホンダなど日系企業だけではなく、フォードやフォルクスワーゲン、ＧＭ、ルノーなど欧米系自動車メーカーも主要取引先に持ち、エアバッグのシェアは約2割、業界で世界第2位のポジションを得るようになりました。

そのような絶好調の２００７年、創業者の武三氏の孫に当たる重久氏が3代目社長に就任します。

エアバッグは、さらに側面衝突を軽減する「カーテンエアバッグ」や下半身への衝撃を低減する「ニーエアバッグ」といった製品の実用化も進み、車1台あたりのエアバッグ搭載数は増える見込みでもありました。2014年3月期の売上高は2006年の上場以降で最高の5569億円に達し、さらなる市場拡大の可能性を踏まえて、タカタの成長への期待値は確実に高まっていました。そんな2014年の6月、タカタの運命を変える大規模リコール「タカタショック」が起きるのです。

どのようにして倒産に至ったのか?

## 2000年の意思決定が時限爆弾となり、「タカタショック」につながる

「タカタショック」の発端は2000~2002年の間にアメリカとメキシコ工場で作られたエアバッグの問題でした。それらの工場で製造されたエアバッグは、膨らませるガス発生装置「インフレーター」の不具合で、エアバッグ作動時に容器が破裂して金属片が飛び散る恐れがあったのです。

その背景には、タカタのある大きな意思決定が関係しています。それは、衝突時のガス発

生剤に「硝酸アンモニウム」という化合物を選んだことです。この選択は、競合他社から「尊敬の念すら覚えた」と言わしめるほど、画期的なものでした。

硝酸アンモニウムは、安く、かつエアバッグをコンパクトにできるという大きなメリットを持つ半面、温度によって体積が変わったり、吸湿しやすく安定性に欠けるという極めて厄介な特性を持つ化合物です。この課題に対し、タカタはわずかな水分も入れない密閉した容器の設計と、製造工程での徹底した湿度管理を実現し、欠点を抑え込むことに成功したのです。一方、タカタ以外の競合企業は、硝酸アンモニウムの欠点を抑え切れず、やむを得ず「硝酸グアニジン」というかさばりコストの高い化合物を採用したのでした。その結果、タカタのエアバッグは大きな優位性を持ち、売上高は10年で5割近く増えました。

しかし皮肉なことに、この商品がイノベーティブだったことが、後の巨大リコールにつながり、タカタを滅ぼすことにつながります。結果的に、この硝酸アンモニウムの課題をタカタは完全にコントロールし切れていなかったのです。そしてこの時に大量にばら撒かれた「時限爆弾」は、数年の時を経て顕在化し始めます。

タカタがこの問題の可能性を最初に把握したのは、2005年5月のこと。ホンダから「2004年の事故の際、金属片が飛び散ったケースが確認された」と連絡を受けたのが最初でした。ホンダは、インフレーターの検証設備は持っていなかったので、タカタに調査を委ねざるを得ませんでした。しかし、タカタはこの報告に対して、十分な調査と原因究明を怠ったのです。結果的に、タカタが生産の不備について報告し、ホンダが初のリコールに踏み切ったのは事故から4年が経過した2008年のこと。この初動の遅れが事態をさらに悪化させました。2009年にはアメリカでリコール対象外のエアバッグによる死亡事故が発生するのです。

しかし、これらのことが「タカタショック」となって経営を揺るがすのは、それから暫く経った2014年6月のことです。このタイミングで、タカタの工場内で製品を点検するための装置が正常に働いていなかったケースがあることが判明し、日本国内だけでトヨタやホンダなど4社が合わせておよそ140万台のリコールを届け出たのです。

そして2014年秋にフロリダ州で起きた事故の凄惨な映像がメディアに流れ、アメリカの世論が一斉にタカタを攻撃し始めます。タカタは米下院公聴会にも呼ばれ、米運輸省高速道路交通安全局（NHTSA）から「全米範囲でリコールを進めるべき」と言われます。しかし、全米リコールとなれば天文学的な負債を抱えることになるため、タカタは「不具合の科学的根拠がない」ことなどを理由に、責任を回避し、リコールを地域限定に留めることに固執します。しかし、この場面でのタカタの頑なで消極的な姿勢は、さらなるバッシングを生みました。そして、結果的にタカタはこの問題を収束させることを優先し、2015年、全米規模のリコールを認めるのです。

最終的にタカタ製エアバッグのリコール対象製品は世界で約1億個に上り、費用の総額は約1兆3000億円になりました。もはやこれらの費用を返済できる体力はタカタにはなく、その費用を支援するスポンサー候補も将来的なリスクの大きさに及び腰になり、スポンサー交渉は決裂。最終的にはリコール費用を加えて1兆円を超える負債を抱えて、2017年6

月、民事再生法を申請するに至ります。製造業で戦後最大の倒産となりました。「なぜ、異常破裂が起きたのか非常に不可解。未だに苦慮している」。民事再生法の適用を申請した際に開かれた記者会見で、タカタの高田重久会長兼社長は最後まで、自らの品質責任を認めることはありませんでした。

なぜ間違えたのか？

## 機能不全の中で大胆過ぎる意思決定が致命傷に

このタカタの事例は、ガバナンスにおける「距離感」という課題を浮き彫りにしました。「距離感」における1つの側面は、「設計と生産における距離」の問題です。具体的には、日本の設計サイドと、アメリカやメキシコの海外子会社での生産の距離感を埋められなかったことにあります。インフレーターに硝酸アンモニウムを導入するという大胆な意思決定をし、そのための綿密な開発は日本で行っていたものの、アメリカやメキシコの工場ではそこまでの緻密な管理ができていなかったのです。

実際の生産現場では生産管理や人材育成が追いつかず、結果的に不良率も高く、爆発事故まで起きるという状況でした。後に、取引先からは「アメリカ子会社がやっていることを、日本のタカタ本社は何ら関知していないという印象を受けた」といった証言が出ています。重久氏は最後まで「製品の品質には自信がある」と強弁していましたが、実際には品質を担保する現場に全く目が届いておらず、結局のところ品質に関しては「過信」とも言うべき状態だったのです。

さらに、もう1つの側面は、「経営と社員の距離感」の問題です。タカタの株式は約6割を高田氏や親族らが保有するといういわゆるオーナー企業です。この状況では、最終的にオーナー側がイエスといえば全てのことが決まることになります。一連の問題が顕在化していた2016年6月の株主総会でも、重久氏ら取締役の再任議案は難なく承認されました。

その中でも重久氏の存在は絶対的で、役員でも反論が許されない雰囲気があったと言われています。実際に、過去にも顧客から受けたクレームに対して、強い態度に出なかった担当者をすぐに交代させたという話も残っています。このような状況下では、何か現場で不都合なことがあっても、隠蔽行為が行われるのは不思議ではありません。重久氏には本当に重要な情報は最後まで届かなかったのではないでしょうか。

自動車業界はややもすれば人の生死につながるだけのリスクを背負ったビジネスです。そのようなシリアスなビジネスにおいて大事なことは、現場と経営の間でどれだけ鮮度が高く正確な情報の交換が行われているか、ということ。しかし、タカタはその観点で「機能不全」の状態だったと言わざるを得ません。そして、そんな機能不全の中で大胆な意思決定をしてしまったことが大惨事につながってしまったのでしょう。

私たち
への
メッセージ

このケースは、私たちがリーダーになった時の大きな意思決定の際のチェックポイントを与えてくれます。何か果敢な勝負をしようと思う時、私たちの視点は「外へ」「未来へ」向いていきます。もちろんそれは大事なこと。しかし、その時に組織内部との意思疎通は十分にできているでしょうか？

長らくリーダーを務めていれば、「うちの組織は大丈夫だ」と言いたくなるでしょうが、立場が上の人に対して本音でストレートに話せるほどメンタルが強い人は多くありません。大抵の場合は「上の人を怒らせないようにしよう」という気持ちであったり、「自分を少しでも良く見せよう」という心理が働きます。「外へ」「未来へ」視点が向いているリーダーは、ややもするとこの心理状態が見抜けず、「現場は大丈夫」という過信を持つことになってしまいます。

それだけに、大きな意思決定をする前のタイミングほど、慎重に現場を見なくてはなりません。一度意思決定して前進してしまえば、リーダーは後戻りできなくなり、現場は余計に正しい情報を開示しなくなる、ということはこのタカタのケースも示しています。

大事な意思決定の前には、はやる気持ちを抑えましょう。そして、立ち止まってメンバーが抱えている懸念や課題意識をゆっくりと聞いてみるのです。その時間は決して無駄にはならないはずです。

タカタ

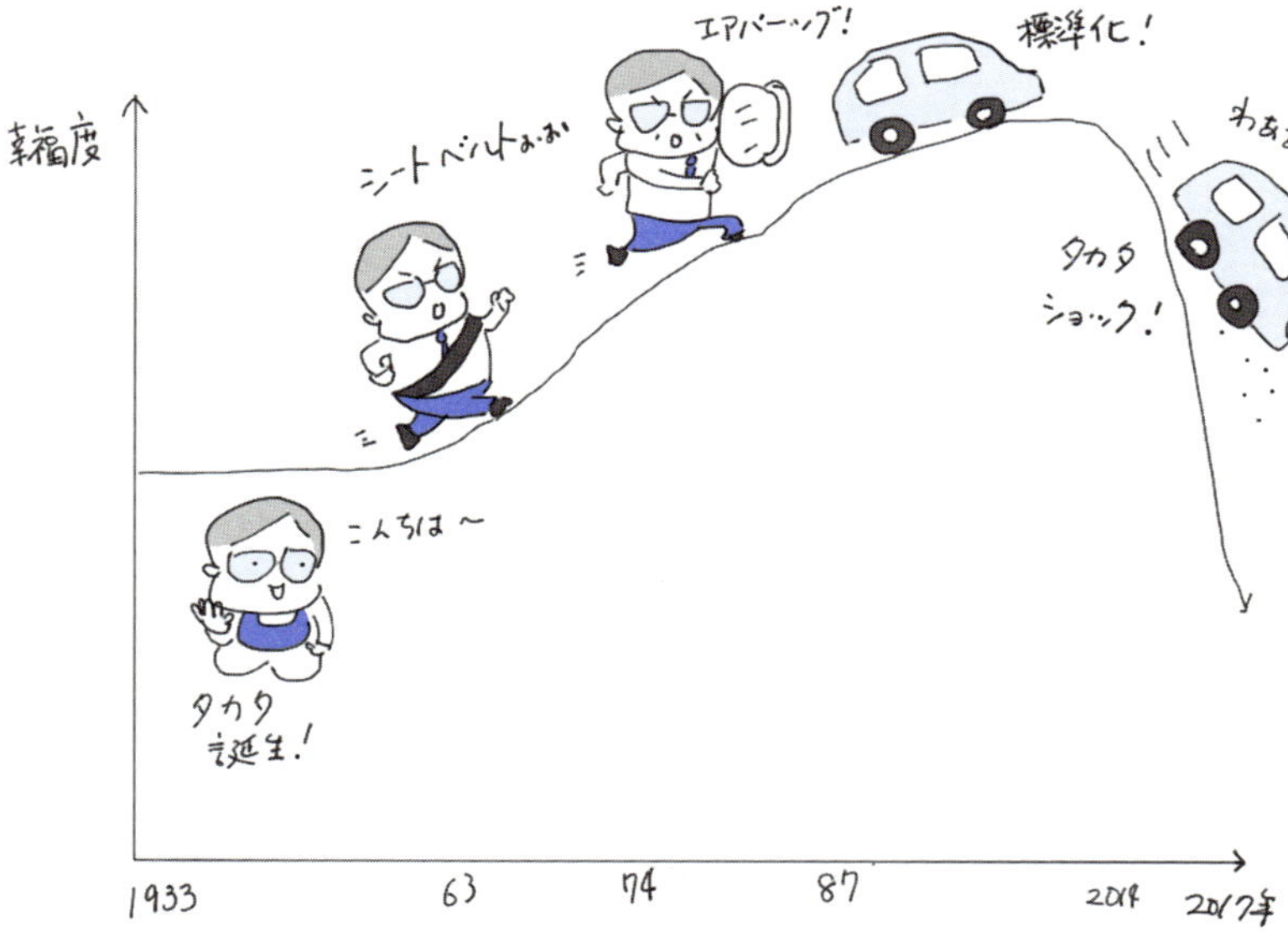


## タカタ倒産に学ぶ3つのポイント

**01**

果敢なチャレンジをする際、メンバーの状況を正しく把握した上で意思決定をしているだろうか

**02**

リーダーとメンバーは正確な情報が相互に伝え合えるだけの距離感が保てているかを確認しよう

**03**

「現場」に行かなくては理解できないこともあると認識しよう

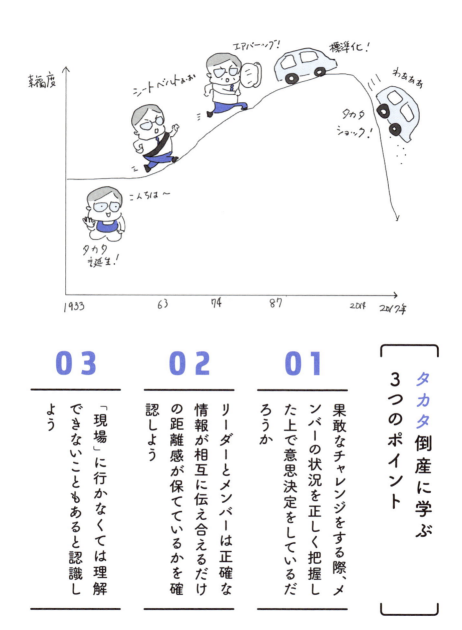

| | |
|---|---|
| 企業名 | タカタ |
| 創業年 | 1933年 |
| 倒産年 | 2017年 |
| 倒産形態 | 会社更生法適用 |
| 業種・主要業務 | 自動車部品製造業 |
| 負債総額 | 1兆823億円 |
| 倒産時の売上高 | 6625億円 |
| 倒産時の従業員数 | 4万5792名 |
| 本社所在地 | 日本<br>東京都品川区 |

参照：
「Automotive　Report－硝安"悪玉論"にタカタ技術者が語る　吸湿後の破裂は『分からなかった』」日経Automotive 2016年1月号
「タカタ　再生法申請　創業家トップ　最後まで責任逃れ」産経新聞 2017年6月27日
「タカタ破綻誤算と過信（下）ミス多発、緩んだ現場――創業家絶対、風通し悪く。」日本経済新聞　朝刊 2017年6月29日
「ニュースを突く－企業経営－タカタ破綻が問う『日本の品質』」日経ビジネス 2017年8月7日号
「【OPINION】タカタの経営破綻に学ぶもの」ビジネスロー・ジャーナル 2017年10月号

「機能不全」型

経営と現場の距離感が遠過ぎて、組織として機能していない

# 現場不在の経営により倒産

マネジメント上の問題

「機能不全」型

経営と現場の距離感が遠過ぎて、組織として機能していない

## シアーズ

どういう
会社
だったのか?

# 通信販売からスタートした20世紀を代表する小売の巨人

シアーズは1886年、ミネソタ州で駅員をしていた当時23歳の青年、リチャード・シアーズが、今まで時計を持ったことがない田舎の人々に対して通信販売で懐中時計を安く売る方法を思いついたのが起源となります。その商売に1893年、アルヴァー・ローバックという物静かな時計職人が加わり、シカゴにおいてシアーズ・ローバック（以降シアーズ）が設立されました。しかし、創業に関わった2人は1900年代初頭には経営の現場から去り、ジュリアス・ローゼンウォルドに引き継がれます。

ローゼンウォルドに率いられたシアーズは、あっという間に一大カタログ企業に成長しました。当時、農業が中心だったアメリカ国民にとって、都会まで買い物に行くことは現実的ではなく、行商人から高い金額で仕入れるしかありませんでした。そこに機会を見出したシアーズは、商品の一括買い付けや輸送の手段を整え、「カタログ通販」というビジネスモデルを確立したのです。

シアーズのカタログといえば、「ビッグ・ブック」と呼ばれる分厚い電話帳並みのサイズ。時計、宝石などの貴金属・雑貨品から、その後、農耕用機械、ミシン、住宅、さらには墓石まで、まさに「ゆりかごから墓場まで」アメリカ国民のニーズがある商品を提供しました。

アメリカという広大な土地で、「シアーズさえあれば何でも手に入る」というポジションを確立し、シアーズのカタログはアメリカの消費者を長い間、支えたのです。

その後、シアーズの社長になったロバート・ウッドはアメリカに自動車が浸透していくことを踏まえて、1925年、都市郊外に大型の駐車場を備えた百貨店を創設します。そして、シアーズはアメリカの高度成長とともに、百貨店やショッピングセンターという小売業を核としながら、保険や金融、不動産などへの多角化を重ねてきました。

1964年にフォーチュン誌で「シアーズは小売業者の鏡だ」「シアーズは全米ナンバー1であると同時に、2位から5位までも圧倒する」という表現でその偉大さを賞賛され、1971年には世界の小売史上初の年間売上高100億ドルを超える偉業を達成します。このように、1960年代から1970年代初頭はまさにシアーズの絶頂でした。そして、1973年には当時の世界一の高さを誇る110階建ての「シアーズ・タワー」を建設し、シアーズは名実ともに小売の頂点に上り詰めたのでした。

しかし、一貫して右肩上がりの成長を遂げてきたシアーズも、この時代を頂点にして、とうとう停滞の時期を迎えます。カタログによる売上は1980年代半ばがピーク（年間約40億ドル超）で、それ以後は下降を続けました。むしろ経費がかさみ、カタログ販売部門だけで、毎年1億ドルを超える赤字を出すようになります。そして、小売部門においても、ウォルマートやKマートを代表とする低価格で攻めるディスカウントストアと、高級品の百貨店、そしてラインナップが充実しているカテゴリーキラーが出現してきました。

例えば、家電においてはサーキット・シティ、ハイランド・ストアといった新興勢力が豊富な品揃えと低価格を武器に成長を遂げ、衣料品ではリミテッド、ギャップなどの専門店が台頭してきました。これらの新たなプレイヤーの出現により、シアーズは「品物はあるけれど欲しいものが見当たらない」「大きいだけで特徴がない」という没個性的で中途半端なポジションに位置付けられてしまったのです。

どのようにして倒産に至ったのか？

## 実店舗の価値を活かせず、「アマゾン・エフェクト」がとどめに

1990年代初頭には、シアーズは既に経営不安が囁かれるようになっていました。そこに登場したのが、大手百貨店サックス・フィフス・アベニューの副会長などを務めた財務のエキスパート、アーサー・マルティネスです。彼は経営の座に就くと、1993年に100年の歴史を誇るカタログ事業から撤退するとともに、1割超に当たる103店を閉めて従業員を5万人削減。そして本業回帰を掲げて金融、保険、不動産などを分離・売却し、富の象徴でもあったシアーズ・タワーも手放し、一連のリストラを矢継ぎ早に手掛けることでシアーズを再建に導きます。

しかし、シアーズを取り巻く競争は決して緩やかになることはありませんでした。衣料品は引き続きディスカウントストアなどの台頭に押しまくられ、収益を支えるカード事業は成長が鈍化。家電販売も、本格参入したホーム・デポなどに包囲されていきます。

一体シアーズはこの中途半端な立ち位置からどう抜け出すべきか？　そこに大胆な解を出したのが、2004年にシアーズを買収したヘッジファンドのスター投資家であり億万長者のエドワード・ランパートです。ランパートは2002年に倒産したディスカウントストア「Kマート」を2003年に買収し、そして2004年にシアーズを買収した上、Kマートと合併させ、「シアーズ・ホールディングス」を設立し、自身もCEOに着任します。

Kマートは人口の多い都市周辺に店を多く配置しており、他方でシアーズは都市に弱いことに着眼したランパートは、「シアーズの商品力を1450あるKマートの店舗に移植して、立地と商品力により競争力を格段に高める」ことを企てました。ランパートは「シアーズにかつての繁栄を取り戻す」と力強く約束し、世間はランパートを「次世代のウォーレン・バフェット」と持ち上げます。

しかし、結果的にはこの戦略はうまくいきませんでした。当時のKマートの売り場環境は最悪でした。店員のサービスレベルは最低であり、売り場管理が行き届かないために欠品や乱れは当たり前。それに加えて、店舗の老朽化がかなり進行していました。

しかし、ランパートはこれらの現場の課題である店舗と人に投資をほとんど振り向けず、現場に対する投資よりもオンライン会員型組織の構築を優先します。ところが、その会員向けの複雑なリワードプログラムは、現場オペレーションを考慮されたものではなかったために、現場のレジは混乱に陥ります。店舗の老朽化が放置され、レジでは待たされる。当然のように客足はますます遠のくようになりました。

もはやアマゾンがある時代。顧客が古臭い店舗にわざわざ買い物に行く必然性はありません。店舗や店員といったアセットを抱える小売業は、そのアセットを最大限に活かしたビジネスをしなければ、あっと言う間に「アマゾン・エフェクト」により蹴散らされていきます。そして、アマゾンの台頭を前にして、店舗や店員に投資を怠っていたシアーズは、店舗の閉鎖などリストラを進めますが、自力で再建できる力は残っていませんでした。

シアーズは2018年10月、とうとう力尽き、連邦倒産法11章の適用を申請しました。負債は約113億ドル。120年以上続いたアメリカを代表とする企業があえなく倒れた瞬間でした。

なぜ間違えたのか?

## 現場知らずの、なってはいけない経営者による自滅行為

2004年のランパート就任以降のシアーズの実情を知れば知るほど、「なってはいけな

い人がCEOになってしまった」事例だと感じます。ランパートが出社するのは年に1回の株主総会くらい。それ以外は「億万長者の隠れ家」と呼ばれたマイアミの海岸沖の島から一歩も出ずに、テレビ会議でミーティングをするだけでした。そして会議では、部下からのデータの不備を見つけては延々と厳しく問い詰める日々。しかしその裏側で、現場においては雨漏りのする天井、壊れたエスカレーター、そして在庫不足で閑散とする店舗が放置されていたのです。

結局ランパートは、現実から目を背け、現場不在のまま、機能し得ない戦略を描き続けました（2011年の株主宛に戦略を雄弁に語る強気のレターを見ると、現場の混乱状況から乖離し過ぎていて、痛々しさすら覚えます）。

彼は投資家としては優秀であったとしても、経営者としては不適格だったのです。シアーズは最終的にはアマゾンにとどめを刺された形になりましたが、実際には自滅に近い形とも言えるでしょう。

元はと言えば、ランパートの経営は、倒産から復活したばかりの「病み上がり」のKマートと、経営危機状態のシアーズの合併から始まったもの。しかし、来るべきeコマース時代の到来に備えるならば、これら2社の劣化した店舗を大量に抱えるほどのハンデはあり得ません。そう考えると、最初の意思決定からずれていた上に、その後のマネジメント方法も間違っていたわけです。

シアーズにとっては、経営の現場を知らない経営者に経営を委ねざるを得なかった段階で、その運命は決まっていたと言えるのかも知れません。

私たちへのメッセージ

しかし、歴史というものは皮肉なものです。1893年に創業したシアーズは、通信販売という流通革命を起こし、アメリカ全土に品物を行き渡らせてアメリカ人の生活をより豊かなものにしてきました。それから100年経った1993年、シアーズは祖業の通信販売から撤退するのですが、その翌年の1994年、まるでシアーズの遺志を継いだかのように、アマゾンが新たな通信販売モデルを立ち上げます。そして、シアーズはやがてそのアマゾンに引導を渡されるのです。

テクノロジーの進化が激しいこの時代において、事業のライフサイクルは短命化していると言われます。今後はこのような大手リーダー企業が、起業間もないベンチャー企業に取って代わられる事例もそれほど珍しくなくなるでしょう。VUCA（変化スピードが速く先読みが難しい）時代の鉄則は、「王道の立場にいる者こそ、経験の浅い異端から学ぶ」ということです。

この100年を超える歴史的な世代交代のストーリーは、その原則を改めてリマインドしてくれているように感じます。

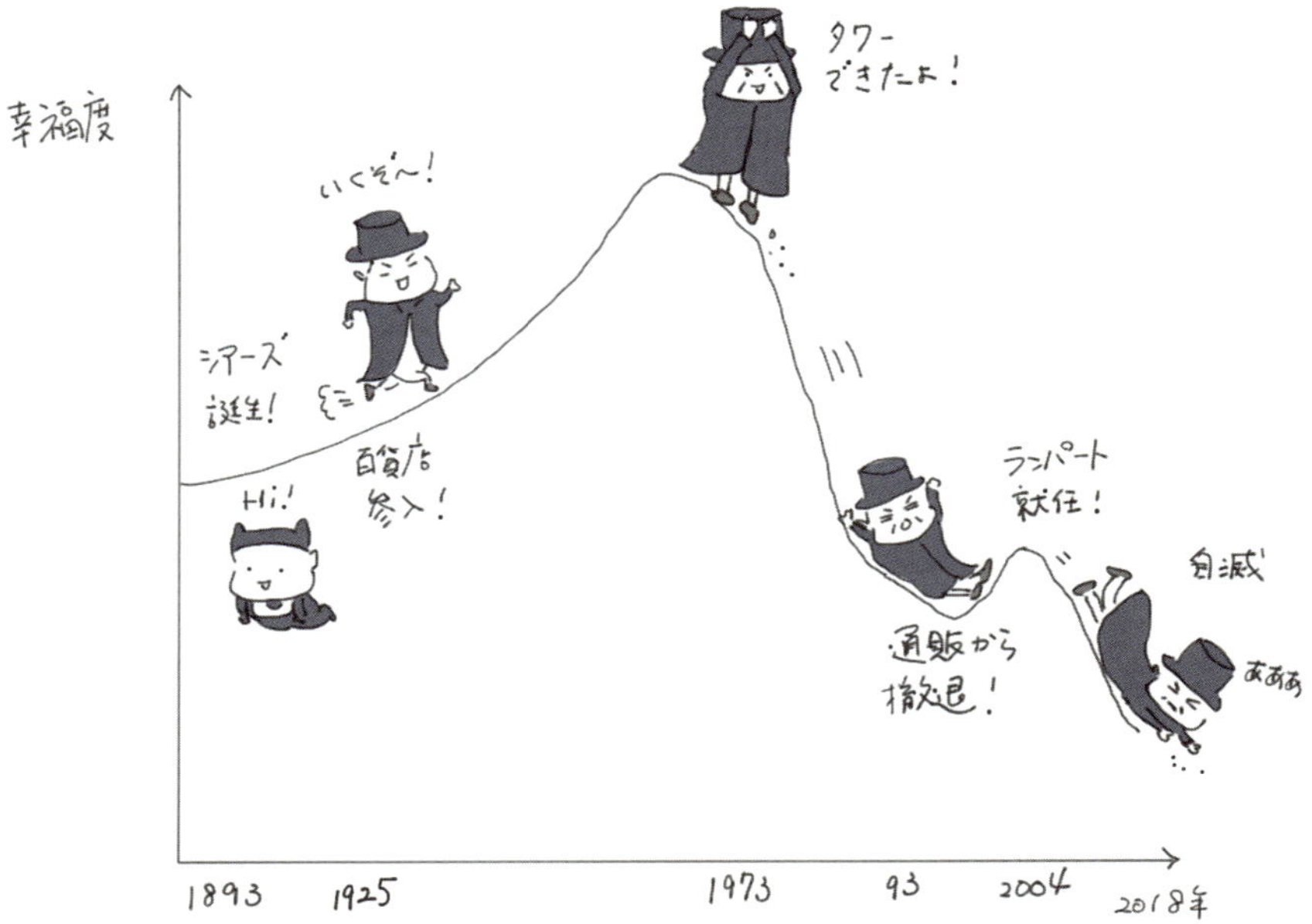


## シアーズ倒産に学ぶ 3つのポイント

**01**

重要な顧客接点の現場に対して、正しく状況を把握し、適切な投資をしているだろうか

**02**

新しい施策を導入する際、現場のリソースとオペレーションを緻密に設計しよう

**03**

業界の新参者や新人など、経験の浅い部外者から学ぶ姿勢を常に持とう

| | |
|---|---|
| 企業名 | シアーズ |
| 創業年 | 1893年 |
| 倒産年 | 2018年 |
| 倒産形態 | 連邦倒産法第11章適用<br>（再建型倒産処理手続） |
| 業種・主要業務 | 小売業 |
| 負債総額 | 113億ドル |
| 倒産時の売上高 | 167億ドル |
| 倒産時の従業員数 | 8万9000人 |
| 本社所在地 | アメリカ<br>イリノイ州ホフマンエステーツ |


参照：
『巨大百貨店再生』アーサー・マルティネス／チャールズ・マディガン 日経BP
『シアーズの革命』ドナルド・R・カッツ ダイヤモンド社
『サム・ウォルトン シアーズを抜き去ったウォルマートの創業者』ヴァンス・H・トリンブル NTT出版

# おわりに

皆さんは「戦略的」という言葉の意味を聞かれたら、何と答えるでしょうか?

戦略的＝「考える論点の多さ」×「考える時間軸の長さ」

というのが、私なりの答えです。

例えば、「直近の売上しか視野に入れずに動いている」という状態は、論点が極めて限定的であり、時間軸も短期的であるため、戦略的とは対極的な「短絡的」と言うべき状態です。一方で、もし「売上、利益はもちろんのこと、競合の動き、顧客の嗜好の変化や組織の状態など数字に出てこない要素について、長期的な変化を考慮に入れながら今取るべき行動を決めている」という状態ならば、その行動は「戦略的」だと言うことができるでしょう。

なぜ最後にこういう話をするかというと、本書に取り上げた25社を敢えて乱暴にまとめるとするならば、これらの企業はある重要なターニングポイントにおいて「戦略的」ではなく、「短絡的」になってしまっていた、と言えるからなのです。そごう、山一證券、ゼネラルモーターズ、鈴木商店……洋の東西や時代を問わず、重要なタイミングで「短絡的」になってしまうとそれが致命傷になり得ることを、これらの事例は私たちに教えてくれました。

さて、それでは翻って我が身を省みた場合、日々の現場で「戦略的」に考えて動いていると言えるでしょうか？　極めてわかりやすい短期的な数字の引力に考えを奪われ、「短絡的」な意思決定をしてしまってていることはないでしょうか？

私自身は、この執筆の過程で自ら経営の意思決定を振り返ることが多々ありましたが、戦略的だとは決して言えないことに数多く思い至りました。これはひょっとしたら失敗に至る坂道の入口かも知れない……。執筆に向かうたびにそんな思いにとらわれ、なかなか前に進めない時もありました。

そういう意味では、この執筆の過程は決して楽な道行きではありませんでしたが、私自身が経営に携わる立場として、これら25社からのレッスンを受けながらも少しずつ成長できたような気がしています。やはり先人たちが教えてくれる知恵は尊い、と改めて感じている次第です。

本書を手に取ってくださった皆様も、これら25社の先人たちのストーリーから「戦略的」に行動するためのヒントが見つかることを願っています。

さて、本書では編集を担当いただいた日経ＢＰの中川ヒロミさん、坂巻正伸さんには大変お世話になりました。あまりの執筆の難度の高さに何度も筆を投げ出しそうになったのですが、お二人に温かくサポートしていただき、形にすることができました。

また、執筆のコンセプトづくりや内容のチェックには久保彩さんにも多大なお力をいただきました。各章の執筆後の最初の読者として、客観的な意見をいただき、勇気づけられました。

最後に、執筆に苦悩する姿を遠目に見ながら応援してくれていた妻の昌子と、息子の創至、大志にはとても感謝しています。息子たちにもいつかこの本のメッセージが伝わることを願っています。

２０１９年12月　荒木博行

## 荒木博行

株式会社学びデザイン 代表取締役社長

株式会社フライヤー取締役COO


1975年生まれ。1998年、慶應義塾大学法学部政治学科卒業後、住友商事入社、人材育成に関わる。2003年、グロービスに入社。法人向けコンサルティング業務を経て、グロービス経営大学院でオンラインMBAの立ち上げや特設キャンパスのマネジメントに携わる。2015年、グロービス経営大学院副研究科長に就任。2018年、グロービスを退社後、株式会社学びデザインを設立し、代表取締役に就任。書籍要約サービスのフライヤー取締役COOも務める。著書に『ストーリーで学ぶ戦略思考入門』(ダイヤモンド社)、『見るだけでわかる!ビジネス書図鑑』(ディスカヴァー・トゥエンティワン)。個人ブログなどで情報発信中。

●個人ブログ　https://manabi-design.jp/

●twitter　https://twitter.com/hiroyuki_araki

# 世界「倒産」図鑑

## 波乱万丈25社でわかる失敗の理由


2019年12月 9日　第1版第1刷発行

2020年 1月 7日　第1版第3刷発行

| | |
|---|---|
| 著者 | 荒木 博行 |
| 発行者 | 村上 広樹 |
| 発行 | 日経BP |
| 発売 | 日経BPマーケティング<br>〒105-8308　東京都港区虎ノ門4-3-12<br>https://www.nikkeibp.co.jp/books |
| ブックデザイン | 三森 健太(JUNGLE) |
| 制作 | アーティザンカンパニー株式会社 |
| 編集 | 坂巻 正伸　中川 ヒロミ |
| 印刷・製本 | 図書印刷株式会社 |

ISBN978-4-8222-8997-3　©Hiroyuki Araki 2019　Printed in Japan